国内旅游消费对扩大内需的多维度影响研究

GUONEI LÜYOU XIAOFEI DUI KUODA NEIXU DE
DUOWEIDU YINGXIANG YANJIU

张丽峰 ◎ 著

北京·旅游教育出版社

责任编辑：郭珍宏

图书在版编目（CIP）数据

国内旅游消费对扩大内需的多维度影响研究 / 张丽峰著. -- 北京：旅游教育出版社，2019.4
　ISBN 978-7-5637-3934-9

　Ⅰ．①国… Ⅱ．①张… Ⅲ．①国内旅游－旅游消费－影响－扩大内需－研究 Ⅳ．①F590.8

中国版本图书馆CIP数据核字(2019)第065170号

国内旅游消费对扩大内需的多维度影响研究

张丽峰　著

出版单位	旅游教育出版社
地　　址	北京市朝阳区定福庄南里1号
邮　　编	100024
发行电话	（010）65778403　65728372　65767462（传真）
本社网址	www.tepcb.com
E - mail	tepfx@163.com
排版单位	北京旅教文化传播有限公司
印刷单位	北京虎彩文化传播有限公司
经销单位	新华书店
开　　本	787毫米 × 1092毫米　1/16
印　　张	10.875
字　　数	175 千字
版　　次	2019年4月第1版
印　　次	2019年4月第1次印刷
定　　价	45.00元

（图书如有装订差错请与发行部联系）

前言

改革开放40年来，中国经济在持续高速发展的同时，经济增长结构失衡的弊端也逐渐显露，投资和出口一直起主导作用，而作为内需的居民消费在拉动经济增长方面的作用则呈逐渐下降趋势。居民消费倾向不高、消费需求不足、消费率持续走低成为经济可持续发展的一大难题，扩内需、促消费、扩展消费领域、培育消费热点成为我国经济发展的主旋律。

早在"十一五"规划中国家就明确提出："要进一步扩大国内需求，调整投资和消费的关系，增强消费对经济增长的拉动作用。"2005年的中央经济工作会议又进一步指出："扩大内需是我国经济发展的长期战略方针和基本立足点"，"把增加居民消费特别是农民消费作为扩大消费需求的重点，不断拓宽消费领域。"而2008年在世界范围内爆发的金融危机对我国出口产生了重要影响，外部需求的大量减少对出口依存度高的经济增长产生了威胁，同时也对失衡的经济增长结构敲响了警钟。这次金融危机的爆发客观上为扩大内需提供了巨大的倒逼机制压力。因此，我国政府提出了"保增长、扩内需、调结构、促改革、惠民生"的发展战略，采取了诸多有效措施。从居民消费的角度来看，扩大全国人民的"最终消费需求"成为核心任务，要"大力促进农民消费，稳定发展住房消费和汽车消费，着力发展服务消费和旅游消费"来增强最终消费能力。之后，党的十八大报告指出要牢牢把握扩大内需这一战略基点，使经济发展更多依靠内需特别是居民消费需求的拉动，拓宽和开发消费领域，促进居民文化、旅游、健身、养老、家政等服务，不断释放居民消费潜力。

我国旅游业在改革开放以来一直保持着高速发展态势。旅游业发展的市场体系不断完善，旅游收入成倍增长，产业规模迅速扩展，产业地位不断提升，综合功能凸显。2018年我国旅游业总收入5.97万亿元人民币，国内旅游收入5.13万亿元人民币，其中城镇居民旅游消费4.26万亿元，农村居民旅游消费0.87万亿元。不论是城镇居民还是农村居民的旅游消费占居民消费总量都在12%左右，国内旅游消费已经成为消费的重要组成部分，旅游业已成为国家促进消费、扩大内需、改善人民生活质量的重要产业。

鉴于旅游消费在扩大"最终消费需求"中的重要作用，旅游业的发展潜力和经济效果引起了政府的高度重视。1998年国家把旅游业确定为国民经济新的经济增长点。2009年《国务院关于加快发展旅游业的意见》，确立了旅游业在国民经济中"战略性产业"的定位，旅游业应充分发挥在保增长、扩内需、调结构等方面的积极作用，坚持以国内旅游为重点，积极发展入境旅游，有序发展出境旅游。2011年的中央经济工作会议提出要着力扩大内需特别是居民消费需求，拓宽和开发消费领域，促进居民文化、旅游、健身、养老、家政等服务。2014《国务院关于促进旅游业改革发展的若干意见》为促进旅游业持续健康发展提出了整体政策安排，突出了旅游消费、年人均出游人次等质量性指标。

在我国"国内、入境、出境"三大旅游市场中，国内旅游市场居于"中心地位"，但这一地位的确立之路并不平坦。从20世纪80年代初的"不提倡，不反对"到90年代初被正式纳入国民经济和社会发展计划之中，再到21世纪初的"重视发展国内旅游"，直至目前确立了"以国内旅游为重点"的发展地位，国内旅游以其发展规模大，经济拉动作用强，抵御经济风险能力高的优势逐步走向了旅游业发展的舞台中央。增加国内旅游消费对于今后扩大内需，转变经济增长方式，全面建设小康社会将会发挥更加重要的作用。

国内旅游消费能否如人们所期望的那样担当起促消费、扩内需、促增长的重任，发挥其应有的作用？作者认为目前迫切需要理论支撑和科学依据，需要构建一个框架体系，系统地、全面地分析国内旅游消费对居民消费的贡献、影响，在居民消费中的地位和作用，找出影响国内旅游消费的因素，确定国内旅游消费的发展趋势，有的放矢地提出促进旅游消费的发展对策。主要基于以下几点：第一，目前国内学者大多研究国内旅游消费对经济增长和就业的影响，而研究国内旅游消费对居民消费影响的还很少。第二，应该把研究国内旅游消费对居民消费的影响作为研究的逻辑起点。因为国内旅游消费首先直接影响的是居民消费，然后才是总需求和经济增长。只有弄清楚了国内旅游消费如何影响居民消费、对居民消费的贡献有多大，才能进一步地了解国内旅游消费在经济增长中的地位和作用。如果越过居民消费而直接研究国内旅游消费对经济增长的影响，好像隔靴搔痒，不能抓住问题的本质。第三，国内旅游消费和居民消费具有统计口径的一致性，这是进行定量分析的前提和基础，只要分析方法科学，所得出的结论才具有说服力。而目前学者在进行旅游消费对经济增长的影响分析时，由于我国旅游业增加值统计体系不够完善，国内旅游消费采用的是旅游花费的数据，而经济增长采用的是GDP，这两个指标的统计口径完全不同，缺乏可比性，即使分析方法科学，得出的结论也会缺乏说服力。

基于上述研究背景，本书尝试构建一个有别于以往的研究框架体系，分别从消费总量和消费结构、全国和地区层面、城镇居民和农村居民多个维度入手，全面、系统地测度国内旅游消费对居民消费的贡献、动态影响，分析旅游消费结构对居民消费的影响，探讨国内旅游消费对居民消费影响的区域差异性，深入剖析影响国内旅游消费的因素，预测国内旅游消费发展趋势及其在居民消费中的比重，对《国务院关于促进旅游业改革发展的若干意见》中提出的到2020年国内旅游的目标进行分析评价，最终提出针对性和实效性较强的对策建议，更好地引导国内旅游消费的有序发展，真正发挥国内旅游消费促消费、扩内需的作用。本书的研究不仅挖掘了国内旅游消费研究新的视角，补充了国内研究不足，拓展了旅游经济学的研究内容，而且有助于准确衡量国内旅游消费在国民经济中的地位和作用，为旅游业发展政策的制定及旅游经济的宏观调控提供理论依据。

作者在国内率先对国内旅游消费对居民消费的经济影响做了系统、深入的研究，希望本书的一些研究结论和思考对相关部门的决策和后续研究具有一定的参考价值。同时本书可以作为旅游经济学、旅游管理学和数量经济学等专业的教学参考书，也可以作为旅游管理者及相关人员的参考资料。

本书在写作过程中，参阅了大量的国内外相关文献，在此谨向文献的作者表示衷心的感谢！同时由于作者知识水平有限，书中可能存在错误和不妥之处，敬请专家和读者不吝赐教、指正。

张丽峰
2019年2月

目 录

第一章 绪 论 ... 1
- 第一节 研究的背景和意义 ... 1
- 第二节 国内外研究现状综述 ... 6
- 第三节 主要研究内容和研究方法 ... 13
- 第四节 创新与发展 ... 15

第二章 旅游消费相关理论 ... 17
- 第一节 消费函数理论 ... 17
- 第二节 旅游消费的含义与特点 ... 22
- 第三节 旅游消费对消费的作用 ... 26
- 第四节 本章小结 ... 28

第三章 我国居民消费和国内旅游消费现状 ... 29
- 第一节 我国居民消费现状 ... 29
- 第二节 我国国内旅游消费发展现状 ... 34
- 第三节 本章小结 ... 52

第四章 国内旅游消费对居民消费的影响分析 ... 54
- 第一节 国内旅游消费对居民消费的贡献 ... 54
- 第二节 国内旅游消费对居民消费的影响分析 ... 57
- 第三节 旅游消费结构对居民消费的影响 ... 65
- 第四节 本章小结 ... 73

第五章 国内旅游消费对居民消费影响的区域测度 ... 76
- 第一节 国内旅游消费对居民消费的贡献率 ... 76
- 第二节 区域国内旅游消费对居民消费的影响 ... 82
- 第三节 本章小结 ... 86

第六章　旅游消费差距的测度 ·············· 88
    第一节　城乡居民旅游消费差距的测度 ·············· 88
    第二节　收入分配差距对旅游消费差距的影响 ·············· 91
    第三节　经济发展水平对旅游消费差距的影响 ·············· 95
    第四节　区域旅游消费差距的测度 ·············· 96
    第五节　本章小结 ·············· 103

第七章　国内旅游消费影响因素分析 ·············· 106
    第一节　国内旅游消费影响因素的理论模型架构 ·············· 106
    第二节　国内旅游消费影响因素的实证分析 ·············· 110
    第三节　本章小结 ·············· 119

第八章　国内旅游消费发展趋势预测 ·············· 121
    第一节　世界旅游业发展趋势 ·············· 121
    第二节　预测方法概述 ·············· 124
    第三节　国内旅游消费发展趋势预测 ·············· 129
    第四节　居民消费发展趋势预测 ·············· 136
    第五节　本章小结 ·············· 144

第九章　促进国内旅游消费发展对策 ·············· 146
    第一节　调整收入分配制度，减少不确定性，提高居民收入水平 ·············· 146
    第二节　深化假日制度改革，促进旅游消费的有效增长 ·············· 148
    第三节　优化旅游消费结构，促进旅游消费转型升级 ·············· 149
    第四节　逐步缩小城乡居民旅游消费差距 ·············· 150
    第五节　缩小区域旅游消费差距，促进区域旅游的均衡发展 ·············· 151
    第六节　加强政府对旅游消费市场的宏观调控 ·············· 151
    第七节　本章小结 ·············· 152

第十章　主要结论与研究展望 ·············· 153
    第一节　主要结论 ·············· 153
    第二节　研究展望 ·············· 158

参考文献 ·············· 159

第一章 绪 论

第一节 研究的背景和意义

一、研究的背景

（一）促消费、扩内需是我国经济发展新策略中的重要内容

改革开放 40 年来，中国经济每年以较高的增长速度持续快速发展，创造了经济增长的奇迹，提高了人民群众的生活水平，增强了国民经济实力。1978 年国内生产总值为 3645.2 亿元，到 2018 年已经达到 900 309 亿元，年均增长 9.4%，其中 1983—1996 年和 2003—2007 年均保持了两位数的增长速度，1984 年的增长速度最快，为 15.2%，其次是 1992 年和 2007 年，达到了 14.2%。2008 年由于受美国金融危机的影响，经济增长速度有所减慢，2018 年仍达到了 6.6%。而同时期的世界上一些经济发达国家，如日本 2017 年经济增长率为 1.7%，美国经济增长率为 2.3%，欧盟中的法国为 1.8%，英国为 1.8%，德国为 2.2%。可见我国的经济增长仍处于快速增长阶段。随着经济的快速增长，人民生活水平显著提高，我国城镇居民家庭人均可支配收入从 1978 年的 343.4 元增加到了 2018 年的 39 251 元，农村居民家庭人均纯收入从 1978 年的 133.6 元增长到 2018 年的 14 617 元。城镇居民家庭恩格尔系数由 1978 年的 57.5% 降到 2018 年 27.7%，农村居民家庭恩格尔系数由 1978 年的 67.7% 降到 2018 年的 30.1%。

在经济快速增长的同时，也显露出一些问题。我国经济的快速发展得益于巨大的固定资产投资和外部市场，而消费对经济增长的拉动并没有显现出来，表明我国目前的经济增长方式是重投资，轻消费，重外需，轻内需，经济增长结构失衡的弊端逐渐显现出来。按照经济学的理论，一国经济发展快慢，在很大程度上取决于消费需求的大小，消费需求规模扩大和结构升级才是经济增长的根本动力。一个稳定的经济，消费需求不仅应是拉动经济增长的份额最大的需求，与投资需求和出口需求相比，消费需求又是经济增长中最稳定、最基础的需求。而我国的消费拉动经济增长的作用在不断下降。改革开放之前，我国市场上的产品是短缺的，供给数量有限，人们基本上是

根据国家的供给凭票购买，这在一定程度上抑制了人们的消费欲望，由于受到生产能力和总供给不足的制约，使得消费品的供应长期处于一种短缺状态。改革开放以后，经济由计划经济体制向市场经济体制转变，到了20世纪90年代以后，中国宏观经济的一个重要变化是由"供给不足"型转向"需求不足"型，消费品市场处于过剩状态，此后中国经济发展一直遭受着总需求不足的困扰，主要是消费需求不足。在生产力和总供给能力因改革开放而不断提高的背景下，制约经济长期稳定健康发展的主要力量就是总需求及其相关的决定因素，这表现在中国的消费率（最终消费支出占支出法GDP的比重）偏低，且呈逐渐下降趋势，由1978年的62.1%下降到2017年的53.6%，下降了8.5个百分点。而发达国家的消费率基本都在70%以上。而投资率由1978年38.2%上升到2017年的44.4%，上升了6.2个百分点。同时，我国出口产品市场保持了年均20%以上的增长速度。所以说中国经济的高速增长是由投资和出口带动的。

而消费率偏低及消费不足问题也引起了我国政府的高度重视。2004年《政府工作报告》中就明确提出"我国消费在国内生产总值中的比重偏低，不利于国内需求的稳定扩大，不利于国民经济持续较快增长和良性循环，要通过不懈努力，改变投资率偏高，消费率偏低的状况"。在"十一五"规划中更明确提出"要进一步扩大国内需求，调整投资和消费的关系，增强消费对经济增长的拉动作用"。2005年的中央经济工作会议又进一步指出"扩大内需是我国经济发展的长期战略方针和基本立足点"，"把增加居民消费特别是农民消费作为扩大消费需求的重点，不断拓宽消费领域"。同时国家也连续出台了一系列扩大内需，刺激消费的政策，但都收效甚微，消费需求仍然没有启动起来，消费率持续走低，2010年最终消费率下降到48.2%，为改革开放以来的最低值。居民消费倾向不高、消费需求不足、消费率持续走低成为摆在国人面前的一大难题，扩内需、促销费、扩展消费领域、培育消费热点成为我国经济发展的主旋律。

而2008年在世界范围内爆发的金融危机对我国出口产生了重要影响，外部需求的大量减少对出口依存度高的经济增长产生了威胁，同时也对失衡的经济增长结构敲响了警钟。这次金融危机的爆发客观上为扩大内需和调整结构提供了巨大的倒逼机制压力，必须加快发展方式的改变和结构调整，进一步推动经济社会全面协调可持续发展，在日益激烈的国家竞争中形成新的优势。因此，我国政府提出了"保增长、扩内需、调结构、促改革、惠民生"的发展策略，采取了诸多有效措施。这些措施一如既往地重视经济的增长，但摒弃以往粗放型、高能耗型的增长方式，把实现保增长的目标建立在提高质量、优化结构、增加效益、降低消耗、保护环境的基础之上。促进经济增长仍从消费、投资、政府购买和净出口四个方面来抓，但每个方面的侧重点都有较大的改变。从消费角度看，扩大"最终消费需求"成为核心任务，这是建立在增加人民收入、推进城镇一体化发展、缩小区域差异的基础上,并且要"大力促进农民消费,稳定发展住房消费和汽车消费,着力发展服务消费和旅游消费"来增强最终消费能力。"最终消费需求"的增长必然会带动"中间需求"的扩大。之后,党的十八大再次强调要牢牢把握扩大内需这一战略基点,培育一批拉动力强的消费增长点,增强消费对经济增长的基础作用。十九大报告中多次提及消费,在中高端消费领域将着力培育新增长点;完善促进消费的体制机制,增强消费对经济发展的基础性作用。

(二)旅游消费是促消费、扩内需的重要手段

从贯彻发展新政的具体措施来看,促进居民"最终消费需求"来扩大内需是见效快、可持续性强的经济增长手段,因为它不仅可以直接带来经济增长,而且还能够引致各行各业的"中间消费",从而带来更大的经济增长。旅游消费与农民消费、住房消费、汽车消费、服务消费并列在一起成为当前我国需要大力发展的五大消费类型。

旅游消费是人们的收入水平达到一定阶段后出现的一种较高层次的消费形式,属于典型的最终性消费,由交通、餐饮、住宿、游览、购物、娱乐、通信等一系列消费构成,具有综合性的特征,促进旅游消费同时也就是促进这些行业的消费,是居民消费的重要组成部分。近年来,在我国居民消费率持续下降,消费倾向不高的情况下,城乡居民国内旅游消费以其强劲的发展态势受到人们的广泛关注,被认为是当下刺激内需、缓解消费不足、带动经济增长的消费热点,被许多省市作为"新的经济增长点"来培育和发展。

我国旅游业在改革开放 40 年来一直保持着高速发展的态势。旅游业发展的市场体系不断完善,市场规模快速增大,产业规模迅速扩展,旅游收入成倍增长,产业地位不断提升,综合功能更加凸显,发展格局持续优化,国际地位显著提升。2018 年我国旅游业总收入 5.97 万亿元,国内旅游收入 5.13 万亿元,其中城镇居民旅游消费 4.26 万亿元,占国内旅游收入的 83%,农村居民旅游消费 0.87 万亿元,占国内旅游收入的 17%;2018 年国内旅游人数 55.39 亿人次,其中,城镇居民 41.19 亿人次,农村居民 14.20 亿人次。不论是城镇居民还是农村居民的旅游消费占居民消费总量都在 12% 左右,国内旅游消费已经成为消费的重要组成部分,旅游业已成为国家促进消费,拉动投资,扩大就业,改善人民生活质量的重要产业。

鉴于旅游消费在扩大"最终消费需求"中的重要作用,旅游业的发展潜力和经济效果引起了政府的高度重视。1998 年 12 月召开的中央经济工作会议上,把旅游业与信息产业和房地产业一起确定为国民经济新的经济增长点;各级地方政府也普遍重视旅游业的发展,并给予了大力支持。2009 年 12 月 1 日中央发布了《国务院关于加快发展旅游业的意见》,确立了旅游业在国民经济中"战略性产业"的定位,明确了旅游业具有"资源消耗低,带动系数大,就业机会多,综合效益好"的特点,在当前我国处于工业化、城镇化发展时期,旅游业应充分发挥旅游业在保增长、扩内需、调结构等方面的积极作用,坚持以国内旅游为重点,积极发展入境旅游,有序发展出境旅游,并争取到2015年实现旅游消费相当于居民消费总量的10%,旅游业增加值占全国GDP比重提高到4.5%,占服务业增加值的比重达到12%的发展目标,力争到2020年我国旅游产业规模、质量、效益基本达到世界旅游强国水平。2011年12月召开的中央经济工作会议提出的2012年经济工作的五个主要任务中的第三个任务"加快经济结构调整,促进经济自主协调发展"中,明确提出"着力扩大内需特别是消费需求,要合理增加城乡居民特别是低收入群众收入,拓宽和开发消费领域,促进居民文化、旅游、健身、养老、家政等服务"。

在"国内、入境、出境"这三大旅游市场中,国内旅游市场"中心地位"的确立之路并不平坦。从20世纪80年代初期的"不提倡,不反对",到90年代初期被正式纳入国民经济和社会发展计划之中,再到21世纪初的"重视发展国内旅游",直至目前确立了"以国内旅游为重点"的发展地位,国内旅游以其发展规模大,经济拉动作用强,抵御经济风险能力高的优势一步步走向了旅游业发展的舞台中央。纵观国内旅游市场的发展历程,国内旅游取得的成绩首先得益于改革开放的政策。改革开放为人民带来了不断增长的可支配收入和闲暇时间,为旅游产业带来了充满活力和竞争力的市场化发展机制,从而导致了城乡居民国内旅游需求的强烈喷发。国内旅游取得核心地位的第二个原因在于其较强的抵御金融风险的能力。在2008年的经济危机中,我国入境旅游损失惨重,国际旅游人数和收入相对上年大幅度减少。与此同时,国内旅游却显示了与入境旅游完全相反的走势,2008年国内旅游人数比2007年增长了6.34%,收入增长了12.6%,显示出其超强的对外部经济风险的抵御能力,国内旅游在整个旅游业乃至全国经济发展中的重要地位已然确立。增加国内旅游消费对于今后扩大内需,转变经济增长方式,全面建设小康社会将会发挥更加重要的作用。

旅游消费虽属于一般消费但又不同于一般消费,鉴于国内旅游消费在我国旅游业中所处的重要地位,我们该如何去衡量国内旅游消费对居民消费的影响;国内旅游消费对居民消费的贡献有多大,对居民消费起到什么样的促进作用;城乡居民国内旅游消费与居民消费间存在怎样的关系,二者是否存在差异;旅游消费能否如人们所期望的那样可以担当起促消费、扩内需、促增长的重任,如果能够担当,应采取哪些措施促进旅游消费进而提升消费水平。这些不仅是政策制定者所关注的焦点,同时也是理论研究所要解决的主要问题。

二、研究的意义

基于上述研究背景,本书尝试从旅游消费总量和消费结构,从全国和地区层面,从城镇居民和农村居民等多维度入手，全面、系统地测度国内旅游消费对居民消费的贡献、动态影响，分析旅游消费结构对居民消费的影响，探讨国内旅游消费对居民消费影响的区域差异性，构建旅游消费影响因素的理论分析框架，深入剖析影响国内旅游消费的因素，对国内旅游消费的发展趋势进行预测，并对国务院给出的旅游消费的发展目标进行评价，最终提出针对性和实效性较强的对策建议，更好地引导国内旅游消费的有序发展，促进消费水平的不断提升和经济的可持续发展。

（一）发现国内旅游消费影响研究的新视角，补充国内研究不足

我国国内旅游消费的经济影响研究起步较晚，目前大多是研究国内旅游消费对经济增长、就业的影响，而研究国内旅游消费对居民消费影响的还很少。而关于国内旅游消费对居民消费影响的研究，作者认为非常重要和必要。第一，应该把研究国内旅游消费对居民消费的影响作为研究的逻辑起点。因为国内旅游消费首先直接影响的是居民消费，然后是总需求和经济增长。只有弄清楚了国内旅游消费如何影响居民消费、对居民消费的贡献有多大，才能进一步地了解国内旅游消费在经济增长中的地位和作用。如果越过居民消费而直接研究国内旅游消费对经济增长的影响，好像隔靴搔痒，不能抓住问题的本质。第二，国内旅游消费和居民消费具有统计口径的一致性，这是进行定量分析的前提和基础，只要分析方法科学，所得出的结论具有说服力。而目前学者在进行旅游消费对经济增长的影响分析时，由于我国旅游业增加值统计体系不够完善，国内旅游消费采用的是旅游花费的数据，而经济增长采用的是GDP，这两个指标的统计口径完全不同，缺乏可比性，即使分析方法再科学，得出的结论也会缺乏说服力，政策的制定会具有偏颇性。因此，系统地研究国内旅游消费对居民消费的影响，不仅开拓了旅游消费研究新的视角，补充国内研究不足，同时也丰富了旅游经济学的研究内容。

（二）有助于准确衡量国内旅游消费在国民经济中的地位和作用

通过系统测算城乡居民国内旅游消费总量及消费结构的变动对居民消费总量和地区居民消费的影响和贡献，有助于准确地衡量国内旅游消费在国民经济中所处的地位和所起的作用，才能更好地把握国内旅游经济的发展方向。

（三）为旅游业发展政策的制定及旅游经济的宏观调控提供理论依据

通过本书的研究，能够了解国内旅游消费对居民消费的贡献大小，影响程度，城乡居民旅游消费的差异，地区国内旅游消费对消费影响的差异，影响城乡居民旅游消费的因素有哪些，这些为旅游业发展政策的制定及旅游经济的宏观调控提供了坚实理论依据，政策的可操作性、针对性更强，实施的效果更加明显。

第二节　国内外研究现状综述

一、旅游消费对经济增长的影响研究综述

（一）国外相关研究

国外旅游与经济增长的研究主要集中于探讨二者之间的关系。Zhang（2002）构建了旅游消费子模型，将该模型纳入区域宏观经济影响的线性模型中，分析了旅游消费对丹麦275个城市经济增长的影响。Kweka（2003）等利用投入产出分析法测算了旅游对坦桑尼亚经济增长的影响及潜在贡献。研究结果显示旅游发展对坦桑尼亚产出及GDP产生重大影响，同时对税收及外汇收入产生积极影响。Bicak和Altinay（2005）根据投入产出模型，计算得出10959位以色列游客的330万美元的旅游花费共带来了660万美元的净产出、450万美元的收入以及70万美元的进口额。Smeral和Egon（2005）利用投入产出法测算得出2002年奥地利居民国内旅游消费对奥地利GDP的直接和间接贡献为9.6%，其中直接贡献只有6%。

（二）国内相关研究

杨勇（2006）利用1984—2004年的数据，对国内旅游和GDP之间的关系进行了研究。结果表明国内旅游与经济增长间不存在长期均衡关系，只存在由经济增长到国内旅游消费的单向因果关系。柳思维（2007）对1985—2005年的国内旅游、入境旅游及经济增长之间的关系进行了研究，认为国内旅游、经济增长及入境旅游间存在长期稳定的协整关系。Granger因果检验表明只存在从经济增长到国内旅游、入境旅游到国内旅游的单向因果关系。张丽峰（2008）对城镇居民国内旅游与经济增长之间的关系进行了研究，表明城镇居民国内旅游对GDP和第三产业具有积极的影响。屠文雯等（2008）对国内旅游、入境旅游及经济增长之间关系的实证研究表明，入境旅游、国内旅游及经济增长之间存在长期稳定的均衡关系，经济增长与国内旅游之间存在双向因果关系，经济增长与入境旅游间只存在单向因果关系。赵磊等（2011）利用人均旅游花费与人均GDP的年度数据进行相关研究，研究结论表明存在经济增长到旅游业发展的单向因果关系。周文丽（2011）基于投入产出模型，定量测度了1997—2007年间我国城乡居民国内旅游消费对国民经济增长的贡献率及其变化，研究表明：城镇居民国内旅游消费对经济增长的贡献在上升，农村居民的贡献在下降，总体国内旅游消费对经济增长的贡献在下降。孙虹乔等（2012）等利用我国2009年200个地级市的截面数据，基于分城乡的视角实证检验了旅游消费对经济增长的影响。研究结果表明城乡

居民旅游消费及其引致的投资、收入和消费结构的变动对经济增长具有正向推动作用，城镇居民旅游消费对经济增长的贡献度大于农村居民。李榕（2013）通过对相关历史数据的协整检验、格兰杰因果关系检验及建立误差修正模型，分析我国国内旅游消费与经济增长的关系。结果表明经济增长与国内旅游消费之间存在长期均衡关系，在短期内可能出现非均衡状态，误差修正机制将系统往均衡方向调整。由经济增长到国内旅游消费存在单向格兰杰因果关系，经济增长整体上推动了旅游业的发展，国内旅游消费对经济增长的拉动作用不明显。张丽峰（2015）利用状态空间模型分析了我国国内旅游消费与经济增长间的动态关系，认为国内旅游消费和经济增长间存在变参数协整关系，且动态弹性系数呈逐年上升趋势，表明国内旅游业的发展对于经济增长具有正向、积极的促进作用，且促进作用逐年增加。苏建军等（2016）运用1983—2014年数据，分析了旅游消费对中国经济增长的拉动效应和贡献，认为旅游消费对经济增长不仅具有较好的直接拉动效应，而且中介贡献度也呈上升趋势。李颖（2017）运用格兰杰因果检验与灰色关联理论，分析了陕西省旅游消费与经济增长间的关系，认为旅游消费是经济增长的格兰杰原因。

二、旅游消费影响因素研究综述

（一）国外相关研究

国外对旅游消费影响因素的研究主要侧重于运用计量经济模型进行实证分析。模型把旅游消费作为被解释变量，其影响因素作为解释变量，可以从经济学的角度来解释旅游消费和其影响因素之间的相互关系，不仅可以评估现有旅游政策的作用效果还可以为政府提供政策建议。

在国外有关旅游消费的计量经济模型中，收入是一个很重要的解释变量被引入模型。Witt（1995）总结了把收入作为解释变量引入旅游消费的计量模型中的几种情况：如果消费者出游是以寻亲访友为目的，那收入变量为个人消费或个人可支配收入；如果研究聚焦于商务旅游，那通常以国民收入作为收入变量。除了把收入作为主要解释变量外，国外学者在建模中还纳入了其他变量：旅游产品的价格水平、汇率、交通成本、偏好、旅游目的地市场支出水平、虚拟变量等。如Sheldon（1993）在他的计量经济模型中选用了居民收入（用GDP代替）、汇率、消费价格指数作为解释变量，估计了六个国家的居民实际旅游支出。类似的还有Gustavsson（2001）、Goh（2002）、Preez（2003）等。

为了避免传统的、经典的计量经济模型中的"伪回归"问题，学者们开始运用现代的计量学经济方法，如误差修正模型、向量自回归模型、时变参数模型等。Dritsakis（2004）运用1960—2000年的年度数据，以客源国居民收入、希腊旅游消费价格、交通运输花费、汇率作为解释变量，通过约翰逊协整检验和误差修正模型分析了赴希腊旅游的德国和英国旅游者的旅游需求与解释变量的长期均衡关系与短期动态关系。Maria 建立向量自回归模型研究英国居民的出境旅游消费支出、旅游产品价格和旅游消费预算三个变量之间的长期关系。Aihanasopoulos（2008）利用 1995 年到 2004 年的假日游、探亲访友游、商务游的季度消费收入数据，以 GDP、休假时间、事件虚拟变量为解释变量，利用时变参数模型估计了澳大利亚的国内旅游总需求。另外，Pou（2002）研究了 1985—1996 年西班牙 18038 个家庭的支出调查数据，证明了旅游消费的收入弹性为正，但是随着收入水平上升，收入弹性趋于下降。如果收入分配政策是给低收入阶层增加收入，旅游消费的增长可以几乎与收入增长同比例，但是如果增加收入的是高收入阶层，则旅游消费的增长幅度则会低得多。

近年来，旅游消费建模中人工智能的运用受到了广泛关注。Pai（2005）利用了带有两层神经网络核函数的支持向量机模型讨论了 1967—1996 年台湾赴香港的入境旅游需求，模型中包括了六个影响因素：香港服务价格、汇率、台湾人口数量、香港市场花费、台湾本地人均消费支出和香港酒店价格，然后以这六个因素确定了网络的输入节点，最终得到神经网络的拟合结果。

（二）国内相关研究

国内关于旅游消费影响因素的研究既有定性的，也有定量研究，目前有越来越侧重定量研究的趋势。付春晓（2004）、徐虹（2008）认为旅游者的收入水平对旅游消费有着最为直接的影响，只有具备足够的可支配收入，旅游者才具有进行旅游消费的能力。

在定量研究方面，李银兰等（2002）以可支配收入作为解释变量建立一元线性回归模型，分析了 1993—1998 年我国城镇居民国内旅游消费支出与可支配收入间的关系，结果表明城镇居民的国内旅游消费倾向很高。李冰州等（2004）利用国内生产总值作为居民收入的替代变量与国内旅游收入建立了对数模型并做相关分析，以求得国内旅游消费关于收入的弹性。李云鹏（2006）建立了城镇居民人均旅游消费的 TEEM 模型，验证了我国城镇居民旅游消费与人均可支配收入的正相关关系，还验证了国内旅游消费与旅游产品价格的关系。吴忠才（2007）验证了闲暇时间与我国旅游需求之间的正相关关系。刘文彬（2009）分别对 2000—2005 年城镇和农村居民的人均可支配收入与国内旅游人次、国内旅游人均花费进行相关分析，发现居民的家庭可支配收入与居民的国内旅游消费和出游次数具有正相关关系。孙根年等（2009）选取了旅游人口、人均可支配收入、收入增长率，仿照科布道格拉斯生产函数建立了城乡居民国内旅游客流量的预测模型。姚丽芬等（2010）利用协整理论、误差修正模型和 Granger 因果检验理论对中国国内旅游消费与居民收入水平之间的关系进行了研究，并对城镇和农村居民收入水平与国内旅游消费之间关系进行了比较，认为旅游消费和居民收入之间是长期正向的均衡关系，而且农村居民收入对旅游消费的促进作用更加明显于城镇居民。周文丽等（2010）用E-G两步法对城乡居民国内旅游消费和居民收入进行协整分析，认为二者之间存在长期的正向的均衡关系。庞世明（2014）认为周文丽的研究在实证检验的过程中误用了E-G两步法的临界值，得出的结论不能使人信服。对此，他使用1994—2010年的年度数据重新进行了实证检验，结果表明：基于绝对收入假说构建的旅游消费函数不能解释中国居民的旅游消费行为；农村居民的国内旅游消费行为通过了持久收入假说、合理预期的动态消费函数以及滞后调整的动态消费函数的实证检验；城镇居民的国内旅游消费行为无法满足西方经典消费函数模型，原因在于城镇居民的闲暇时间受到严格的制度约束，文章将闲暇时间这一变量纳入旅游消费模型，发现闲暇时间的增加有助于城镇居民国内旅游消费的提高。蒋蓉华等（2010）应用灰色关联分析法，对比了1994—2000年和2001—2008年两个时期的计算结果，认为城镇居民家庭人均可支配收入、职工年平均工资和人均国内生产总值是影响国内旅游收入的主导因素。周文丽（2011）基于甘肃省526位农村居民的微观调查数据，构建因子分析模型，分析了影响我国西部地区农民旅游消费的因素。首先，占主导地位的影响因素是可支配收入和旅游产品价格，其次是目的地因素及旅游服务因素，最后是闲暇时间和群体支持因素，可进入性和旅游意愿、旅游动机因素的影响力较小。余凤龙等（2013）分析了中国农村居民旅游消费的发展阶段、消费特征及其变动趋势与影响因素，研究表明：农村居民收入、传统消费习惯和消费不确定性是影响旅游消费的主要因素，其中收入、消费习惯与旅游消费之间存在显著的正相关关系；消费不确定性与旅游消费之间存在显著的负相关关系，是影响旅游消费的消极因素；城镇居民旅游消费的示范效应不显著，但城乡旅游交流日益密切，其示范效应也不容忽视。杨勇（2015）运用我国农村居民的面板数据，分析农村居民不同来源收入对旅游消费的影响，认为不同来源收入对旅游消费需求有着相异影响，其中工资性和经营性收入对旅游消费需求的影响较为显著。张丽峰等（2015）运用VAR模型中的脉冲相应分析和方差分解，分析了我国农村居民旅游消费对消费的长期和动态影响，认为未来农村居民旅游消费对消费虽然有正面影响，但上升趋势不明显，对消费未来的贡献率呈现先升后降的趋势。邓祖涛等（2017）运用空间计量模型，分析了中国农村居民旅游消费的影响因素。认为农村居民的旅游消费存在空间自相关性；城乡收入比有负向影响，城镇化有正向影响；东中西农村居民的旅游消费影响因素存在差异。姜国华（2017）通过构建多元回归模型，认为家庭收入、家庭现金与储蓄总值、教育水平、居住地区等对中国家庭旅游消费有重要影响。王琪延等（2018）分析了收入和休闲时间对北京居民旅游消费的影响，认为居民收入水平和休闲时间对旅游消费的影响不均衡，收入的增加对低层次旅游消费的拉动作用要大于高层次旅游消费，休闲时间的增加能更好地扩大高层次旅游消费。王振坡等（2018）分析了家庭收入、住房财富对天津旅游消费的影响，认为家庭收入对旅游消费的影响要高于住房财富；年轻家庭"住房资产效应"高于中老年家庭；教育程度越高、工作越稳定的家庭的收入对旅游消费的影响越大。

但是，也并非所有文献都认为收入水平对国内旅游消费具有正向影响或影响较大。魏正环（2006）通过分析2000—2004年农村居民的经济收入及支出水平等相关数据，发现收入的有限增加会"挤出"农村居民的国内旅游消费。彭程甸等（2009）以人均消费替代收入水平，建立了人均消费、公路里程、休假天数、国内旅游收入的VAR模型，认为收入水平对国内旅游收入的影响力度不大。

除了分析收入和其他一些经济变量对旅游消费的影响外，国内专门从收入分配角度研究旅游消费的文献还不多见。因为目前随着我国收入分配差距不断扩大，其势必会对旅游消费产生重要影响。谷慧敏等（2003）从居民收入及其分配入手，分析了国内旅游消费及其特征，认为收入差距的扩大使得城镇居民旅游内部进入阶层消费阶段。此后，徐萍等（2010）从收入分配角度来解释目前我国旅游消费增长落后于人均GDP增长的深层次原因，认为收入差距扩大会导致以观光、游览、度假、休闲为主的有效旅游消费需求和农民旅游消费不足，同时又使得旅游消费倾向低的高收入阶层的高端旅游消费市场的兴起，因此只有进行收入分配制度的改革，才能使旅游消费保持高增长，使国内旅游对内需的拉动作用有效发挥出来。周文丽等（2010）利用E-G两步法建立了城乡居民基尼系数与国内旅游平均消费倾向之间的消费模型，城镇居民基尼系数与国内旅游平均消费倾向呈负相关关系，而农村居民基尼系数与国内旅游平均消费倾向呈正相关关系。张金宝（2014）运用2010年中国24个城市居民家庭的旅游消费数据，分析了家庭的经济条件、人口特征和行为特征对家庭旅游消费支出的影响。研究表明：家庭的收入预期对旅游消费有显著影响，城市家庭生命周期与风险偏好也显著影响家庭旅游消费支出。张丽峰（2015）建立了向量自回归模型，运用脉冲响应函数和方差分解法，分析了人口结构对旅游消费的动态影响趋势和影响程度。结果表明：人口性别结构对旅游消费的影响呈递减趋势，其对旅游消费变化的贡献率以缓慢的速度递减；人口年龄结构对旅游消费影响较小，其对旅游消费变化的贡献率逐渐减少；人口城乡结构对旅游消费的影响越来越明显，且对旅游消费变化的贡献率呈上升趋势。徐晓娜（2017）运用类似的方法分析了城镇人口年龄结构与国内旅游消费间的关系。

三、旅游消费结构研究综述

（一）国外相关研究

国外从宏观层面来研究国内旅游消费结构的文章并不多见。Pyo（1991）建立了线性支出模型,分析美国国内旅游需求结构。研究结果表明交通的收入弹性最高,所以最可能削减预算的途径是降低交通运输支出,而最不可能的途径是减少食品支出。Allen(2009)根据1999—2007年季度数据,利用面板数据模型探讨了家庭收入和旅游价格变化引起的澳大利亚国内旅游消费的变化,以探亲访友为目的的澳大利亚国内旅游需求的收入弹性为负,而以商务为目的的国内旅游需求的收入弹性为正。

(二)国内相关研究

国内收入水平对旅游消费结构的影响研究包括定性和定量的研究,但主要侧重于定量考察。定性研究方面的文献主要是通过描述不同收入水平的旅游者的消费行为,进而分析旅游消费结构。如徐虹(2008)认为旅游者的收入会影响旅游消费的模式,决定了旅游者是否能够出游以及出游目的地的选择和出游方式的档次。汪季清(2009)认为收入水平是影响旅游消费结构最重要和最基本的因素,其首先影响旅游消费的层次和结构,其次直接影响了旅游消费结构的变化。

在定量研究中,既有利用相关年鉴数据,通过列表的方式分析国内旅游消费结构,也有利用调查问卷获取相关数据,研究某个具体的消费群体或者旅游目的地的游客的微观旅游消费决策,通过分析特定消费者的旅游消费选择来推断总体特征。李一玮等(2004)对国内城镇居民旅游者人均每天花费构成比例进行了横向和纵向的比较,分析了城镇居民旅游者旅游消费结构的现状和变化规律,找出影响国内旅游消费结构的因素。蔡洁等(2005)通过实地调查,分析了来渝国内女性游客的人口学特征和行为特征。粟路军等(2007)通过抽样调查的方式,用收入水平与旅游消费行为变量进行交叉分析,分析了长沙居民乡村旅游消费行为的收入特征。刁宗广等(2010)列表比较分析了城乡居民的国内旅游消费水平和消费结构的差异,并认为提高城乡居民可支配收入是城乡居民旅游消费水平提升和消费结构优化的路径之一。何国民(2005)利用扩展线性支出系统模型对武汉市体育旅游的基本消费需求、边际消费倾向、收入弹性进行了定量分析。周文丽等(2010)建立扩展线性支出系统模型,实证分析了我国城乡居民旅游消费中的食、住、行、游、购、娱等9类消费的边际消费倾向、消费投向、收入弹性和价格弹性。发现城镇居民基本旅游消费需求的收入弹性小于1,非基本旅游消费需求和餐饮消费需求的收入弹性大于1,而农村居民各单项旅游消费需求的收入弹性均大于1。夏杰长等也有类似的研究(2014)。周强等(2013)运用灰色关联模型分析了各项旅游消费支出与福建省国内旅游收入的关联程度,认为基本旅游消费支出仍占总消费支出的较大比重,福建省旅游消费结构与旅游业发达地区仍有很大差距,但就与国内旅游收入的关联度而言,福建省旅游消费结构趋于合理化。李若凝等(2014)采用2001—2010年旅游消费抽样调查数据,对中国城乡居民国内旅游消费结构信息熵进行动态分析。结果表明,中国城镇居民旅游消费结构信息熵呈先增长、后下降的趋势；农村居民旅游消费结构信息熵相对较低并呈持续下降的趋势，信息熵变化趋势与城乡居民收入增长相关。庄岩等（2017）分析了我国农村居民旅游的消费行为和旅游消费结构，认为农村居民旅游消费结构不合理、层次较低，应完善农村旅游市场、调整产业结构、增加农民收入。

四、文献评述

纵观国内外已有的文献，旅游消费对经济增长影响的研究比较深入和系统，旅游消费影响因素的研究也比较丰富，但本书认为仍有待深入研究和完善，主要表现在以下几个方面。

（一）国内旅游消费对居民消费影响的研究几乎是空白

目前有很多报道和研究在说国内旅游消费是居民消费的重要组成部分，是扩大内需的重要途径，是促增长、调结构、惠民生的重要措施。但都缺乏相应的理论支撑和科学依据。那么，国内旅游消费是如何扩大内需，国内旅游消费对居民消费的贡献如何，占据什么地位，发挥什么作用，国内旅游消费对居民消费的未来有什么影响，城乡和地域间是否存在差异，国内旅游消费未来的发展趋势如何，都有哪些影响因素。只有把这些问题从理论和实证方面分析清楚了、透彻了，才能知道国内旅游消费能否担当起促消费、扩内需的重任，才能谈得上后来的促增长、调结构和惠民生。因为国内旅游消费首先直接影响居民消费，通过居民消费才能间接地促进经济增长、促进就业和产业结构调整等方面。而目前对上述这些问题进行系统研究很少，大部分学者跳过居民消费而直接去研究国内旅游消费对经济增长的影响，缺失了居民消费这个重要的、基础的环节，必然会缺乏理论逻辑一致性，最终会导致政策的偏颇和实效性差。

（二）对国内旅游消费影响因素的研究存在不足

就国内相关研究来看，现有研究大都以定性为主，已有的定量研究也大都简单地套用国外研究理论和方法进行，对我国国情和居民实际情况考虑不足，研究结论也是各不相同，颇受争议。

（1）国内相对注重西方消费函数的引入，大部分以凯恩斯的绝对收入假说为依据，考察收入对旅游消费的影响。虽然也有引入包括收入在内的多个解释变量的模型，但所设定的模型缺乏严格的数学推导，可能存在引入解释变量的合理性问题。

（2）已有的研究虽然可以推导出理论框架，却缺乏调查数据的支持，所以也仅能进行理论上的解释。

（3）当前研究对收入分配差距的关注度不够。目前仅有几篇分析收入分配对旅游消费的影响，经验性结论较多，实证性研究太少，缺乏说服力。目前，我国收入分配差距问题显得极为突出，其对旅游消费的影响研究应引起更多的关注。

(4)我国国内旅游具有显著的"城乡二元结构",两者具有不同的发展特征,因而也应具有不同的影响因素。但目前的文献中很少把城镇和农村居民作为两个不同样本同时进行研究,不适合有关建议的提出和政策的制定。

(三)对国内旅游消费发展趋势的预测不够全面

目前已有文献主要是对旅游需求的预测,大部分是对入境旅游需求进行预测,国内旅游需求主要是对旅游人数的预测。而系统地对国内旅游消费、城乡居民旅游消费以及国内旅游消费在居民消费中所占的比重的预测还很少,不利于对旅游消费未来发展趋势的把握和促进旅游消费政策的制定。

综上所述,如何准确地测度出我国城乡居民、各地区国内旅游消费对居民消费的贡献程度、两者间的数量关系、旅游消费对居民消费的未来影响,通过理论模型的构建,找出影响城乡居民国内旅游消费的影响因素,并对国内旅游消费的未来发展趋势做出正确的判断显得尤为重要,因为它直接关系到旅游消费能否如人们所期望的那样可以担当起促消费、扩内需、促增长的重任。而这些问题也成为本书的主要研究内容。

第三节 主要研究内容和研究方法

一、主要研究内容

本书的结构安排如下:

第一章为绪论,主要是论述研究背景、研究目的和意义;综述及评价国内外相关文献;研究内容和研究方法;提出本书的创新与发展之处。

第二章为基础理论部分。首先论述了西方的各种消费理论,在此基础上对旅游消费进行了界定,分析了旅游消费的特点和作用,以及旅游消费对消费的作用机理。

第三章是对我国居民消费和国内旅游消费现状进行了分析。首先从城乡和区域两个层面对我国居民消费的现状进行了分析;其次对我国国内旅游消费的现状进行了分析,分析了我国国内旅游消费的发展历程、国内旅游消费的整体发展现状、城乡居民旅游消费和消费结构的特点,以及我国各地区城镇和农村居民国内旅游消费的发展现状。

第四章为国内旅游消费对居民消费的经济影响分析。这部分首先从整体、城镇和农村居民三个角度,运用不同的定量分析方法研究了国内旅游消费对居民消费的经济影响。第一,运用结构分析法分析了国内旅游消费在居民消费中所占的比重;第二,分析了国内旅游消费对居民消费的贡献率和拉动力;第三,运用计量经济学模型中的协整检验、脉冲相应函数和方差分解法分析了国内旅游消费和居民消费间的依存关系，国内旅游消费对居民消费的平均影响程度，国内旅游消费对居民消费未来的影响趋势和程度。第四，分析了旅游消费结构对居民消费的影响。从城镇和农村居民两个角度分别分析了旅游消费结构对居民消费的贡献率、弹性系数和依存关系。

第五章是国内旅游消费对居民消费的经济影响的区域测度。首先运用区域国内旅游消费和居民消费的总量数据分析了各区域国内旅游消费占居民消费的比重，国内旅游消费对居民消费的贡献率和拉动力，其次，运用计量经济学中的面板数据模型分析了各区域国内旅游消费对居民消费的影响程度以及差异性。

第六章对旅游消费差距进行了测度。第一，运用相对指标对城乡居民国内旅游消费差距进行了测度；第二，运用泰尔指数法对城乡居民国内旅游消费差距进行了计算；第三，分析了收入分配差距对城乡旅游消费差距的影响；第四，分析了经济发展水平度对城乡旅游消费差距的影响；第五，运用变异系数和泰尔指数对区域国内旅游消费差距进行了测度。

第七章为国内旅游消费影响因素分析。首先根据西方的消费函数理论，结合中国的二元经济特性，构架了国内旅游消费影响因素的理论模型；其次，在理论模型的基础上，利用计量经济学模型分别对城镇和农村居民旅游消费的影响因素进行了实证分析，找出影响城乡居民旅游消费的主要因素，为旅游消费政策的制定提供依据。

第八章为国内旅游消费发展趋势预测。主要运用趋势预测模型、灰色预测模型、ARMA 模型以及组合预测模型对我国城镇和农村居民 2018—2025 年的国内旅游消费、居民消费水平进行了预测，并对国家最近提出的旅游消费发展目标进行了评价。在此基础上，对国内旅游消费占居民消费的比重进行了预测。

第九章为促进国内旅游消费发展对策。根据前面的理论和实证分析，分别提出了促进我国城镇居民和农村居民旅游消费的发展对策，力求对策的时效性、可操作性和针对性，以期为旅游相关部门制定旅游发展政策提供科学依据和指导。

第十章为主要结论和研究展望。提出了本书的主要研究结论以及今后的研究方向。

二、研究方法

本书采取理论与实证相结合的方法，在理论分析和理论推导的基础上，结合实证分析，得出有意义的结论。具体有以下几方面。

（一）比较研究

我国是一个典型的"二元经济结构"的国家，城镇和农村居民的旅游消费存在很大差异性，因此，本书对城乡居民国内旅游消费特征、城乡居民国内旅游消费对居民消费的影响以及城乡居民国内旅游消费主要影响因素等方面存在的差异进行了较为全面的比较分析。另外，我国地域广阔，各地区经济基础、经济社会发展条件各异，经济发展也存在差异性，各地区的国内旅游消费对居民消费的影响也不尽相同，因此，对各地区国内旅游消费对居民消费的影响的差异性进行比较研究，可以深入了解各地区的国内旅游消费特征，制定出差异化的旅游发展战略。

（二）统计分析

为了解城乡居民国内旅游消费特征、消费规律及其对消费的贡献，本文对消费规模、消费结构、消费层次等城乡居民国内旅游消费特征，城乡居民旅游消费对居民消费的贡献率和拉动力进行了较为全面的统计分析。

（三）计量经济分析

利用计量经济学中的协整理论、向量自回归模型，脉冲相应和方差分解技术对城乡居民国内旅游消费与居民消费间长期的均衡关系、不同时间点的数量关系、未来的动态影响进行了分析和检验。同时，利用我国 30 个地区的国内旅游消费和居民消费的面板数据，分别构建了城镇和农村居民国内旅游消费与居民消费间的面板模型，探讨了城乡居民国内旅游消费对各区域居民消费的影响程度及存在的差异。

（四）预测分析

主要运用趋势预测模型、灰色预测模型、ARMA 模型以及组合预测模型对我国城镇和农村居民 2018—2025 年的国内旅游消费、居民消费水平进行了预测，确定了我国国内旅游消费未来的发展趋势，以及国内旅游消费占居民消费的比重。

第四节　创新与发展

本书在以下几方面存在创新与发展。

一、研究视角独特

以往关于国内旅游消费经济影响的研究主要是国内旅游消费对经济增长的影响。而本书遵循逻辑研究的一致性，依据经济学理论，选取了居民消费这个研究视角，来系统地分析国内旅游消费对居民消费的经济影响，可以为国内旅游消费对经济增长的影响提供研究基础。

二、研究内容新颖

本书构造了一个全新的研究内容框架体系，分析了国内旅游消费对居民消费的影响。包括国内旅游消费对居民消费的贡献、长期动态影响、旅游消费结构对居民消费的影响、旅游消费差距的测度，国内旅游消费的影响因素以及未来发展趋势的预测。通过这个研究框架体系，可以系统、全面地把握国内旅游消费在居民消费中的地位和作用以及未来的发展方向。

三、研究方法科学

本书运用多种定量分析方法来分析国内旅游消费对居民消费的经济影响，力求结论可靠、准确，最终为政策的制定提供科学的依据。主要包括以下方法。

（1）本书运用贡献率和拉动力两个统计指标分别测算了城镇居民、农村居民、国内各地区旅游消费对居民消费的贡献率和拉动大小。

（2）本书运用计量经济学中的向量自回归模型、约翰逊协整检验、方差分解和脉冲相应技术、面板数据模型等理论和方法，分析了我国城镇居民、农村居民、整体居民国内旅游消费和居民消费间的长期均衡关系，国内旅游消费对居民消费的未来的影响方向和程度以及国内各地区旅游消费对居民消费的影响程度和差异性。

（3）本书根据西方的消费函数理论，结合我国国内旅游消费现状，构建了国内旅游消费影响因素的理论模型，并利用计量经济学模型分别对城镇和农村居民国内旅游消费影响因素进行了实证分析。

（4）本书运用泰尔指数、变异系数等指标测算了我国城乡居民旅游消费差距、国内各地区旅游消费差距以及农村居民旅游消费差距。

（5）本书运用多种预测方法，如时间序列模型、灰色预测、趋势预测以及组合预测等多种预测方法对我国城镇、农村的国内旅游消费以及消费水平进行了组合预测，确定了它们未来的发展方向以及在居民消费中所占的比重。

四、研究结论可靠

本书在经济学、旅游经济学、计量经济学等学科的理论指导下，运用科学的定量分析方法对我国国内旅游消费对居民消费的影响进行了系统、全面的研究，在坚持理论和实证逻辑一致的原则下，所得出的分析结论是可靠的，可以作为政策制定的理论基础，保证政策的可操作性、针对性和时效性。

第二章 旅游消费相关理论

第一节 消费函数理论

旅游经济学是应用经济学中的一个分支，研究国内旅游消费应该建立在经济学对消费研究的基础上，旅游消费理论应该以消费理论作为其理论基础，并结合旅游消费特有的特点才能得到符合旅游消费的经济规律。

自从凯恩斯提出消费理论后，准确描述消费者的消费行为，研究消费函数的具体形式成了宏观经济学的重要研究内容。消费理论的研究进程大体可以分为四个阶段。第一阶段是在20世纪30年代中期到50年代中期，主要研究消费与收入之间的关系，并通过实际数据的检验来验证结论。具有代表性的是凯恩斯的绝对收入假说和杜森贝利的相对收入假说。第二个阶段是20世纪50年代中期到70年代中期，消费函数的研究进入到微观经济学消费者效用最大化的理论范畴。具有代表性的是莫迪利亚尼等人提出的生命周期假说和弗里德曼的持久收入假说。第三阶段是20世纪70年代后期到80年代初期，一些经济学家在生命周期假说和持久收入假说的基础上，提出了一些新的消费理论假说。霍尔把不确定性和理性预期假说引入到了持久收入假说。弗莱文和迪顿先后发现了消费的"过度敏感性"和"过度平滑性"。第四阶段是20世纪80年代中期以后，西方学者提出了预防性储蓄假说和流动性约束假说，以此来更好地解释现实中的消费状况。后来坎贝尔和曼昆在凯恩斯的消费函数中引入了"理性预期——持久收入假说"，提出了"λ"假说。上述这些理论假说的发展基本上是沿着这样的一个研究过程：由即期消费扩展到了跨期消费，由确定性条件下的消费扩展到不确定性条件下的消费，由较宽松下的预算约束扩展到较严格条件下的预算约束。

一、凯恩斯消费理论

凯恩斯于1936年提出了消费函数理论，该理论认为消费主要决定于人们的现期可支配收入，消费存在边际消费倾向递减的规律，即随着收入的增加，消费虽然也增加，但增加的幅度却不断下降。但该理论存在一定局限性：一是消费者追求的是即时预算约束下的效用最大化；二是该假说主要是根据人们的心理规律进行的猜测，缺乏经验研究的实证，这便产生了假说的一些结论与经验事实的矛盾。后来众多学者对该理论进行了实证研究，以检验凯恩斯的猜测。早期许多研究结论支持凯恩斯的假说。比如有学者把美国1929—1976年分成了四个阶段，对各个阶段的个人可支配收入与消费支出的关系进行了拟合，发现每一阶段的消费函数基本符合凯恩斯的消费函数。并且每一阶段的平均消费倾向呈递减特征，消费变动与收入变动不成比例。但是美国经济学家库兹涅茨1942年却发现了与凯恩斯理论不一致的状况，他对美国1869—1938年的国民收入与个人消费资料进行整理和分析后发现，在长期中平均消费倾向是相当稳定的。根据这个发现，库兹涅茨提出了长期消费函数。在长期消费函数中，消费为收入的一个固定比率，平均消费倾向并不呈现递减的趋势。虽然短期消费函数和长期消费函数的形式不一致，但是它们的本质却是相同的：即都承认消费是现期收入的函数。

二、相对收入假说

相对收入假说是由美国经济学家杜森贝利提出。该理论通过两个方面说明消费者的行为：他认为消费者的消费行为不仅受其自身收入的影响，同时还受到周围人的消费支出影响，这个被称为"示范效应"；同时消费者的消费支出不仅受自己当前收入的影响，还受过去时期最高收入的影响。这个称为"棘轮效应"。

尽管杜森贝利的消费理论中，消费者的消费行为是由周围平均的消费行为所决定，但它并没有脱离凯恩斯理论的分析框架。从本质上讲，消费的选择仍然是一时的，即消费的来源是现期的收入加上前期的储蓄。因此消费仍可被看作是被动适应收入的结果。

三、持久收入假说

弗里德曼的消费理论又称为持久收入理论，由美国经济学家弗里德曼（M.Friedman, 1957）提出。他否定了绝对收入理论和相对收入理论的"现行收入"概念，以"持久收入"假说发展了消费函数理论。弗里德曼认为，居民的实际收入包括持久收入和暂时收入两部分。持久收入是消费者总收入中可以预料到的较稳定的、持续性的那部分收入。而暂时收入是偶尔发生的、不稳定、不可预料的收入。消费者的消费支出不是由现期收入决定的，而是由他的持久收入决定的，消费是持久收入的函数。该理论认为：短期的边际消费倾向明显的低于长期的边际消费倾向。因为当收入上升的时候，人们无法确信收入的增加会一直继续下去，因而不会马上调整其消费。当收入下降的时候，人们也不能断定收入的下降是否就一直会如此，因此消费也不会马上下降，短期边际消费倾向很低。只有收入变动是持久的，人们才会调整其消费。

同绝对收入和相对收入理论中的消费者相比，持久收入理论中的消费者行为目的是实现跨时效用最大化，而在前两者的消费理论中，消费者所追求的是一时效用最大化。这就决定了消费者在消费选择上会表现出不同的特点。

四、生命周期假说

生命周期假说是由美国的经济学家莫迪利安尼提出来的。他认为，个人消费行为并不仅仅与现期收入有关，而且还与消费者处于整个生命周期内的哪个阶段有关。人们会在更长的时间范围内计划他们的生活消费支出，年轻时储蓄，年老时动用储蓄，从而平滑自己一生的消费，以达到他们整个生命周期内消费的最佳配置，实现消费的效用最大化。因此，虽然一个人一生中的收入是不稳定的，但消费却相当稳定。生命周期消费理论与持久收入消费理论本质上是相同的，两者都以消费者根据长期收入进行消费选择为基础。

五、随机游走假说

20世纪70年代以后，西方各个主要工业国家几乎都陷入经济"滞涨"的困境，以自适应性预期理论为基础的持久收入假说和生命周期假说的解释能力明显下降。

霍尔（Hall）运用理性预期的分析方法，将持久收入假说、生命周期假说和理性预期三者结合起来，形成了理性预期的生命周期模型。该模型根据理性预期的思想，在预算约束下，实现消费者的效用最大化，最后得出消费者的消费轨迹是一个随机游走的过程，即在每一期里，预期的下一期消费都等于当期消费。这意味着消费的变化是不可预测的。个人收入预期增长率与消费预期增长率无关，未来收入不确定性对消费不会产生影响。

霍尔的随机游走结论与关于消费的现有观点不同，因此，后来的经济学者们对收入的可预测变化是否造成消费的可预测变化进行了很多验证。弗莱文（Flavin，1981）利用美国的历史数据对随机游走假说进行了实证检验，发现消费与可预期的劳动收入存在显著的正相关性。他把这种现象称为消费的"过度敏感性"。约翰逊（Johnson，1983）利用澳大利亚数据、卡丁顿（Cuddington，1982）利用加拿大的数据、臧旭恒（1994）利用中国的数据分别对随机游走假说进行了检验，结果都得出了相反的结论。这是因为当人们收入增加时，消费也是随之增加的。后来，坎贝尔和迪顿（Campbell and Deaton，1989）也对随机游走假说进行了检验，得出：实际消费变化的标准差远远小于理论估计的标准差。他们把这种现象称为消费的"过度平滑性"。

由于随机游走假说不能很好地解释现实中消费者的消费行为，后来经济学家们又提出了许多新的假说，以完善消费理论。其中很重要的消费理论是预防性储蓄假说、流动性约束假说、缓冲存货储蓄假说和"λ"假说。

六、预防性储蓄假说

预防性储蓄是指厌恶风险的消费者为了预防未来不确定性的发生所导致的消费水平的下降而进行的储蓄，这种不确定性主要来源于收入的不确定性。

从凯恩斯时代开始，经济学家就已经认识到预防性储蓄动机的存在和重要性。而且预防性储蓄的存在对宏观经济政策的影响变得越来越明显。利兰德在1968年发表的《储蓄和不确定性》一文中，对预防性储蓄进行了分析，提出了产生预防性储蓄的必要条件。预防性储蓄假说仍然考虑的是理性消费者在预算约束下实现消费的效用最大化，在加入了不确定性因素后对消费者进行跨时最优选择分析，认为消费者储蓄除了是将财富平均分配于整个生命周期外，还在于防范未来不确定事件的发生，如未来收入的波动等。

在利兰德之后，西方学者对预防性储蓄进行了大量研究，其中包括Zeldes的预防性储蓄模型、Dynan的预防性储蓄模型、Wllson的预防性储蓄模型等。由于预防性动机的存在，影响人们消费的因素不仅有收入的预期，而且还有关于未来收入的不确定性因素。

巴尔斯基等（1986）证明，在当期实行减税并在未来提高税率的措施减小了家庭关于自己一生税后收入的不确定性。因此，当存在预防性储蓄时，这一变化提高了当期消费。卡巴勒罗（1990）认为，对给定的预期一生资源来说，当有更多的资源被预期在未来获得时，不确定性要更大。所以当收入被预期要上升时，消费也被预期上升。戴南（1993）和卡罗尔（1994）探讨了家庭关于未来收入的不确定性与消费增长率之间的经验关系；但他们得出了相互冲突的结论。但同时证明了预防性储蓄将使预期消费增长率提高。他们把预防性储蓄模型都向前推动了一步；他们既不相同，但也很难推翻其他人的理论；但他们的理论核心是相同的：即不确性同财富积累之间有显著的正相关关系，不确定性越高，财富的积累就越多，反之就越少。

七、流动性约束假说

流动性约束是当消费者在当期收入不足，而又无法从信贷市场上获取贷款来满足消费时所受到的限制，从而难以实现其预想的消费和投资量，造成经济中总需求不足的现象。

流动性约束假说的主要结论为，第一，存在流动性约束的消费通常比不存在流动性约束的消费要低；由于存在流动性约束，未来的收入对当期消费者影响有限，使得消费者对当期收入敏感。第二，即使当期不存在流动性约束，如果消费者预期到未来会面临流动性约束,当期的消费也会下降,并增加储蓄已防止未来收入下降对消费的冲击。因此,一个面临较强流动性约束的国家,其储蓄率一般较高。

迪顿(1991)发现,在美国,少数的消费者占有大部分的财富,有相当多的消费者只占有很少的财富,预防性储蓄假说无法解释这个现象。另外,根据财富积累的总量而言,根据预防性储蓄假说得到的估计值也远高于实际值(Carroll,1992),因此除了预防性储蓄动机之外,应该还有其他因素影响着消费者的行为。有一些经济学家猜测影响消费的另一个重要因素是流动性约束。

Zeldes(1989)从欧拉方程中导出了流动性约束变量,由于欧拉方程中不允许借款,如果流动性约束在当期不是紧约束,但在未来某个时期会受到流动性约束的影响,欧拉方程也将成立。即如果没有流动性约束,如果收入降低了,则个人可以借款以避免消费的急剧下降。但如果有流动性约束,除非个人拥有储蓄,否则收入的下降会使消费大大地下降。因此,流动性约束的存在促使个人进行储蓄。

Deaton(1991)建立消费模型,研究面临流动性约束并且具有等弹性效用函数的消费者的消费行为,研究表明:面临流动性约束的消费者,收入的不确定性越高,储蓄也就越多;相应地,消费支出也就越少。

八、"λ"假说

坎贝尔和曼昆(1989)把"理性预期——持久收入假说"引入到凯恩斯的消费函数,提出了"λ"假说。他们把消费者分为两大类,第一类消费者的行为符合霍尔的理性预期——持久收入假说,收入的变化对消费没有影响,即消费的变化是不可预测的。第二类消费者的消费决策完全取决于当期收入,模型为:

$\Delta C_t = \lambda \Delta Y_t + (1-\lambda)e_t = \lambda \Delta Y_t + v_t$

λ是第二类消费者占消费者总数的比例,又称为"超敏感系数",λ值越大,说明受流动性约束的消费者收入占总收入的比重越大,也间接说明有更多消费者受到了流动性约束的制约。

坎贝尔和曼昆利用美国时间序列数据对λ进行估计,得出的结果是λ近似等于0.5,这说明随机游走假说并不能完全解释消费者的消费行为,当期收入影响着消费者的行为。

九、缓冲存货储蓄理论

Deaton(1991)和Carroll(1992,1997)在理性预期——生命周期假说中引入了谨慎、缺乏耐心和流动性约束,提出了缓冲存货储蓄理论。该理论认为,由于存在流动性约束,消费者只能通过增加财富积累来抵御风险。那么理性消费者就会有一个财富目标，该目标是与其收入相对应的：当实际财富低于该目标时，预防性储蓄动机增强从而增加储蓄，消费者减少消费；当实际财富高于该目标时，消费者增加消费，减少储蓄。所以储蓄相当于一种缓冲存货。

谢夫林和撒勒（1988）认为完全的跨期最优化没有很好地描述消费行为，相反，个人有一套经验规则，可以使得消费者通过储蓄和借钱来平滑短期收入波动，从而使消费在短期内相当好的遵循持久收入假说的预言，但经验法则也可能使消费在长期内与收入保持一致。迪顿（1991）和卡罗尔（1992）认为缓冲库存储蓄源于高贴现率、预防性储蓄动机和居民不愿负债的种种原因。迪顿认为，没有债务的原因是因为有流动性约束。卡罗尔认为，没有债务的原因是因为当消费很低时，消费的边际效用趋向于无穷大。如果家庭负债，而且未来的收入很低，那么消费也会很低，各种因素结合在一起，使得家庭的财富大致为零，从而使消费与收入保持一致。但是家庭是不愿意负债的，所以通常会保持少量的储蓄以防备收入大幅度下降时使用。哈伯德等（1994）认为缓冲存货储蓄在本质上接近于持久收入假说，他们的解释部分来自跨时期最优，还包括预防性储蓄动机和福利计划对消费水平的保障。

消费者所处的环境存在着许多的不确定性，传统的消费理论是在确定性条件下讨论消费者的消费行为，当存在不确定性的因素后，这种确定性的消费理论就不能很好地解释消费者的消费行为，所以就出现了不确定性条件下的消费理论，使消费理论不断趋于完善，更好地解释消费者的行为。

上述消费理论的最大共性在于它们都承认消费是收入的函数，消费者都具有消费选择自由，价格具有充分的弹性，消费具有短期函数以及长期函数。随着中国经济环境的不断变化，这些西方的消费理论在中国的适用性会逐渐增强，同时不断反映出中国的消费特征。

第二节　旅游消费的含义与特点

一、旅游消费的含义

消费是人类社会经济生活的重要行为和过程，广义的消费包括生产消费和生活消费：生产消费是指通过消耗生产资料生产出新产品的过程，生活消费是人们对满足自己物质文化需要的生活资料耗费的过程（尹世杰，2003）。旅游消费属于生活消费的一种，是旅游活动和消费活动进行交叉而形成的一种特殊消费，是生活消费中高层次的享受和发展消费。

有关旅游消费的概念，目前学术界中由于侧重点不同，定义形式并不统一。根据世界旅游组织的定义，旅游消费是由旅游单位使用或为他们而生产的商品和服务的价值，这是基于一个国家（地区）国民账户核算体系需要而对旅游消费做出的技术性定义（王大悟，魏小安，1998）。国内也有不少学者对旅游消费下了定义，比较有代表性的包括：罗明义（1998）指出，旅游消费是人们在旅行游览过程中，为了满足自身发展和享受需要而进行的各种物质资料和精神资料的消费的总和。林南枝等（2000）、邹树梅（2001）认为旅游消费是人们在旅行游览过程中，通过购买旅游产品来满足个人发展和享受需要的行为和活动。宁士敏（2003）认为旅游消费是指旅游主体在有时间保证和资金保证的情况下，从自身的享受和发展需要出发，凭借环境和旅游媒体服务创造的条件，在旅游过程中对以物质形态和非物质形态存在的行、住、吃、游、购、娱等旅游客体的购买、享用和体验过程的支出（收入）总和。谢彦君（2004）把旅游消费区分为狭义和广义的。狭义指旅游消费，而广义指旅游者消费。狭义的旅游消费主要指旅游者以购买可藉以进入景区（景点）进行观赏或娱乐的票证的方式消耗个人积蓄的过程，其等价于旅游者对核心旅游产品的消费。广义的旅游消费是指旅游者在消费过程中，购买的产品不仅包括核心旅游产品，还包括能使旅游活动得以顺利进行的媒介型旅游产品、旅游购物品及在旅游过程中满足基本生活需要的一般消费品。张辉等（2004）也提出了旅游者消费的概念，但他们认为旅游者消费是以价值形态来衡量的旅游需求的数量，包括旅游者消费总额、旅游者人均消费额和旅游者消费率三个指标。田里（2006）把旅游消费从静态和动态两方面来进行定义：从静态方面讲，是指由游客使用或为他们而生产的旅游商品和服务的价值。从动态意义上来讲，是指人们支付货币购买旅游产品以满足自身旅游需求的行为（过程）。汪季清（2009）认为，旅游消费是指人们在旅游活动过程中，为满足自身享受和发展的需要，对各种物质产品和精神产品消费的总和，是一种高层次消费。

综上所述，本书主要从经济学角度对旅游消费进行界定：旅游消费是指人们在具备足够的经济实力和闲暇时间条件下，在旅游过程中购买旅游产品的全部货币支出。这里所指的旅游产品是指包括食、住、行、游、购、娱等在内的综合性旅游产品。并且本书中的旅游消费主要是指国内旅游消费，主要分析国内旅游消费对我国居民消费的经济影响。

二、旅游消费结构

旅游消费结构是指旅游者在旅游消费过程中所购买的各种不同类型的旅游产品及其相关消费资料的比例关系（田里，2006）。可以按照不同角度进行分类。

（1）按旅游消费的不同用途可分为"食、住、行、游、购、娱"六个方面需求的消费，这是从旅游活动的"六要素"角度出发进行的分类，是目前在进行旅游消费结构分析中普遍采用的分类。

（2）按照旅游消费目的，可以划分为观光游览、探亲访友、休闲度假、商务会议、宗教朝拜等方面的消费。其中观光游览、探亲访友属于基础层次的消费，休闲度假属于提高层次的消费，商务会议等专项旅游是最高层次的消费，层次较高的消费在总消费中的比值反映一地旅游经济的发展水平及其对经济增长的影响程度。

（3）按旅游消费对旅游活动的重要性可以分为基本旅游消费和非基本旅游消费两类。基本旅游消费是指进行一次旅游活动所必需的而又基本稳定的消费，如餐饮、住宿、交通、游览等方面的消费等。它是消费者在进行旅游活动中必不可少的消费。非基本消费是指并非每次活动都需要的旅游消费，如娱乐、购物、医疗保健、通信等消费等，这种消费不是每次旅游活动中都必须会发生的，它主要取决于消费者的收入水平、偏好等因素，因此往往弹性较大，消费水平不稳定。通常用非基本旅游消费在旅游消费中的比重来反映某一地区旅游经济业发展水平的重要标志。在旅游业发达的国家，非基本旅游消费支出一般高达60%以上，基本旅游消费支出控制在30%~40%。

（4）根据旅游消费层次，可以划分为生存消费、享受消费和发展消费。生存消费是为了满足游客游览过程中的基本生存需要、维持劳动力再生产所必需的消费资料。享受消费是指人们为了提高生活质量、丰富物质生活、增加健康所需要的消费资料。发展消费指保证人们的体力和智力不断获得发展所需要的消费。享受消费和发展消费主要包括人们在观赏、学习以及娱乐过程中为满足人们的精神享受和智力发展消费的物质产品、精神产品和服务等。在旅游活动中，这三类消费相互交错，彼此渗透，很难严格划分它们的界限。

除此之外，旅游消费结构还可以从形态上划分成实物消费和劳务消费，以及从旅游消费主体出发划分成个人旅游消费、家庭旅游消费和团体旅游消费等。

按照消费目的、消费形态和消费层次划分的消费结构，一方面由于统计资料有限，难以量化；另一方面，有时候界线模糊，难以区分。而从六要素角度划分的旅游消费结构，有助于了解旅游业发展为目的地带来的经济效益及其结构来源，认识旅游业的潜力所在，判断旅游者的消费水平，且便于量化。基于此，本书涉及的旅游消费结构是指按照旅游消费用途划分的消费结构。

三、旅游消费的特点

旅游消费从其经济影响的角度来看，具有不同于一般传统产品消费的特点。

（一）旅游消费的综合性

旅游消费是一种集食、住、行、游、购、娱等为一体的综合性消费活动。旅游者消费的旅游产品是通过交通、住宿、餐饮、邮电通信、文物、海关等多个相关部门共同提供的。因此，旅游消费具有综合性特点。这个特点决定了通过旅游消费活动可以带动相关行业或部门的发展，具有较强的关联性和带动性，进而促进的整个国民（区域）经济的发展。

（二）旅游消费的服务性

旅游消费实质上是一种服务消费，服务贯穿于旅游者的整个旅游过程，即从常住地出发再回到常驻地的过程。旅游服务的提供必须以旅游者的实际购买为前提。当旅游者享用这一产品时，产品的价值得以实现，旅游活动一旦结束，旅游产品的价值就不复存在。旅游服务一般以劳务活动的形式存在。旅游消费的服务性决定了旅游消费较一般产品消费具有较强的就业效应。旅游消费可以带动旅游景区、旅行社等旅游企业直接就业和交通运输、商贸流通等相关行业的间接就业，从而促进经济增长。

（三）旅游消费的时间性与空间性

旅游消费必须以旅游者的闲暇时间为前提，只有旅游者具备了闲暇时间，再加上出游的欲望，旅游消费活动才能得以实现。时间性是进行旅游消费的前提和保证。另外，以一些人文景观为主的旅游产品，历史悠久，文化深远，旅游者消费这些旅游产品时可以感受到不同的时代特性。旅游消费的空间性主要表现消费者的空间位移，从旅游者的常驻地移动到旅游产品的所在地。旅游消费的时间性和空间性的结合使得旅游消费活动得以实现。同时，旅游消费越来越表现出明显的时空转换特征。随着航空、高铁、高速公路等交通设施的日益发达，旅游者的时间距离在大幅度压缩，旅游消费的空间范围在不断扩大，时空关系得以转化。

（四）旅游消费的异地性与流动性

由于旅游产品是依托当地的旅游资源开发形成的旅游景点、景区或旅游地，具有不可转移性。旅游者必须离开自己的常住地，借助一些交通工具，到达旅游产品的所在地，才能实现旅游消费，这就是旅游消费的异地性。同时，由于旅游消费的异地性，也使得旅游消费表现为一种流动性消费，是沿着旅游线路的延伸在不同地点进行的散点式消费。旅游消费的异地性和流动性不仅使旅游消费能够拉动多种产业增长，而且能使不同地区经济受益，有利于国民财富在不同地区之间合理流动，对缩小地区差距、促进区域经济均衡增长，具有一定的积极作用。

（五）旅游消费的体验性与学习性

旅游消费是一种体验，贯穿于整个旅游活动过程中。旅行之前的期望，期盼旅行带来的各种预期收获；旅游中的感受，对目的地自然、文化、风情等的感受、体验和认知；旅行后的比较和回味，对常驻地和目的地进行比较，对旅游过程的回味和追忆，加深认知和理解，并计划下次旅行的体验。

旅游消费并非是消极消费，除了文化、修学旅游外，即使在一般的旅游过程中，旅游者也可以了解到当地的风土人情、文化、经济发展状况，可以结识新的朋友，获取新的知识，旅游消费也是一种学习，是进行人力资本积累的途径之一。

（六）旅游消费的波动性与非线性

旅游消费的波动性与非线性来源于旅游活动对自然环境和社会突发事件的敏感性和较强的恢复弹性。由于人们闲暇时间的分布以及各地的气候环境等因素，旅游消费具有很强的季节性波动，出现波峰和波谷现象，旅游旺季时人满为患，旅游淡季时游人稀少，旅游资源闲置。另外，旅游消费还易受政治局势突变、战争、自然灾害和传染性疾病等许多因素的影响。但旅游消费也是一种极具恢复弹性的消费。旅游消费相较于住房、汽车等耐用型，消费成本较低，因此，在国内外历次经济下行、需求不振的困难时期，旅游消费都作为刺激消费、扩大需求的重要手段。

第三节　旅游消费对消费的作用

一、旅游消费能够直接促进消费

旅游需求是物质生活条件改善过程中产生的高级需求，体现为居民的最终消费，是社会总需求终端需求的组成部分。旅游消费所涉及的需求既有内需又有外需，既有投资需求又有消费需求，如入境游为外需，国内旅游为内需，出境旅游既可拉动内需又可拉动外需，因此，它对扩大需求的作用是全面的和综合性的。正是这种扩大需求的作用结果，刺激了总供给的增加，加快了投资的步伐，形成互动态势。

同时，旅游消费与生产过程的中间消费相比，是需求导向型消费，直接满足居民的消费需求，反映了社会的真实需求和消费意愿，不会产生产能过剩、效率损失等负面经济影响，可以直接促进最终消费需求。

二、旅游消费能够促进相关产业的发展

旅游消费的对象既包含物质方面，也有精神成分；既有实物产品，又有服务产品；既有劳动产品，又有自然创造物。旅游消费是一种融合物质消费、服务消费与精神消费为一体的综合性消费。由于旅游消费的综合性，旅游消费与景区景点、餐饮、住宿、交通等多个行业直接相关，与工业、农业、保险、金融、信息、环保服务等行业间接

相关，具有很强的关联性和波及效应。旅游消费是扩大社会总消费、带动相关产业发展和经济增长的有效途径。

三、旅游消费具有广泛的社会功能

旅游消费是一种高层次消费，不仅具有促进消费、拉动内需、促进现代服务业发展和经济增长等经济功能，还具有广泛的社会功能：可以提升公民道德和文化修养、提高居民生活质量、传承和发扬传统文化等。

四、旅游消费能够满足多样化的消费需求

由于旅游产品的多样性和综合性，使得旅游消费在消费的类型、方式、水平、数量上都具有多层次性。既可以满足旅游者的基本旅游消费，如吃、住、行、游、购、娱等，也可以满足旅游者高端的旅游消费，如邮轮游艇、高尔夫、高端度假、房车等。消费者可以根据自身的经济实力和时间许可，可以选择几十元、几百元的旅游产品，也可以选择上千元乃至数万元的旅游产品，旅游消费能够适应不同收入水平、不同偏好、不同国家和民族的各类人群的需求。因此，旅游消费具有广泛的适应性，对于改善居民消费结构、满足大众日益增长的多样化消费需求具有重要意义。

五、旅游消费增长潜力巨大

旅游消费与房地产、汽车等耐用品消费相比，可在短时间内反复消费，增长潜力巨大。目前，我国居民出游的次数较低，旅游消费潜力还未充分释放。随着带薪休假制度的不断完善，居民闲暇时间的增加和收入的不断提高，人们会把更多收入和时间用于旅游等相关活动，人均出游率会逐步提高，旅游消费也将随之增加，更好地促进居民消费。

六、旅游消费有利于促进消费和经济的可持续发展

旅游活动主要依托自然风光、人文古迹、民俗风情等资源，与第一和第二产业相比，资源消耗小，污染排放少，只要组织管理得当，一般不会对资源和环境产生直接的破坏，旅游消费可以成为环境友好型、资源节约型消费，可以为生态脆弱和贫困地区的环境保护提供必要的资金支持，可以增强地方政府和当地群众的生态环境保护意识，将对扩大内需和社会经济的发展产生深远的促进作用。

第四节 本章小结

本章首先论述了西方的几种主要的消费理论，作为以后分析的理论基础。这些消费理论的最大共性在于它们都承认消费是收入的函数，消费者都具有消费选择自由，价格具有充分的弹性，消费具有短期函数以及长期函数。随着中国经济环境的不断变化，这些西方的消费理论在中国的适用性会逐渐增强，同时不断反映出中国的消费特征。

旅游消费属于生活消费的一种，是旅游活动和消费活动进行交叉而形成的一种特殊消费，是生活消费中高层次的享受和发展消费。有关旅游消费的概念，目前学术界中由于侧重点不同，定义形式并不统一。本书主要从经济学角度对旅游消费进行界定：旅游消费是指人们在具备足够的经济实力和闲暇时间条件下，在旅游过程中购买旅游产品的全部货币支出。这里所指的旅游产品是指包括食、住、行、游、购、娱等在内的综合性旅游产品。并且本书中的旅游消费主要是指国内旅游消费。

旅游消费结构是指旅游者在旅游消费过程中所购买的各种不同类型的旅游产品及其相关消费资料的比例关系。可以按照不同角度进行分类。而从六要素角度划分的旅游消费结构，有助于了解旅游业发展为目的地带来的经济效益及其结构来源，认识旅游业的潜力所在，判断旅游者的消费水平，且便于量化。基于此，本书涉及的旅游消费结构是指按照旅游消费用途划分的消费结构。

旅游消费从其经济影响的角度来看，具有不同于一般传统产品消费的特点。旅游消费具有综合性、服务性、时间性与空间性、异地性与流动性、体验性与学习性、波动性与非线性。

旅游消费在扩大内需方面发挥着重要的作用。旅游消费能够直接促进消费、能够促进相关产业的发展，具有广泛的社会功能，能够满足多样化的消费需求，其增长潜力巨大，有利于促进消费和经济的可持续发展。

第三章　我国居民消费和国内旅游消费现状

第一节　我国居民消费现状

一、我国城乡居民消费现状

在现实经济运行中，消费、投资及净出口是拉动经济增长的"三驾马车"。我国的经济增长一直以来是依靠投资和出口拉动的，消费对经济增长的拉动作用始终没有发挥出来，尤其近年来居民消费率持续偏低，消费倾向呈不断下降趋势，如何促消费、扩内需、促增长成为目前或今后一段时期国民经济全面发展亟待解决的重要问题。

我国居民消费支出总额呈现逐年增加的趋势，由1994年的21 844.2亿元增加到2017年的317 510亿元，年均增长12.3%，其中城镇居民消费支出由1994年的12 968.9亿元增加到2017年的249 256亿元，年均增长13.7%，农村居民消费支出由1994年的8875.3亿元增加到2017年的68 253亿元（见表3-1、图3-1），年均增长9.3%。可见城镇居民消费支出的增长速度明显快于农村居民消费支出的增长。其中城镇居民消费支出占居民消费支出的比重从1994年的59.4%上升到2017年的78.5%，城镇居民的消费是居民消费的重要组成部分。

表3-1　1994—2017年我国居民消费支出

单位：亿元

年份	全体居民	农村居民	城镇居民
1994	21 844.2	8875.3	12 968.9
2000	45 854.6	15 147.4	30 707.2
2004	65 218.5	17 689.9	47 528.6
2005	72 958.7	19 958.4	53 000.3
2006	82 575.5	21 786.0	60 789.5
2007	96 332.5	24 205.6	72 126.9
2008	111 670.4	27 677.3	83 993.1

续表

年份	全体居民	农村居民	城镇居民
2009	123 584.6	29 005.3	94 579.3
2010	140 758.6	31 974.6	108 784.0
2011	168 956.6	38 969.6	129 987.0
2012	190 423.8	42 310.4	148 113.4
2013	212 187.5	47 113.5	165 074.0
2014	242 540.0	54 366.0	188 174.0
2015	265 980.0	59 143.0	206 837.0
2016	293 443.0	64 332.0	229 111.0
2017	317 510.0	68 253.0	249 256.0

数据来源:《中国统计年鉴》2018。

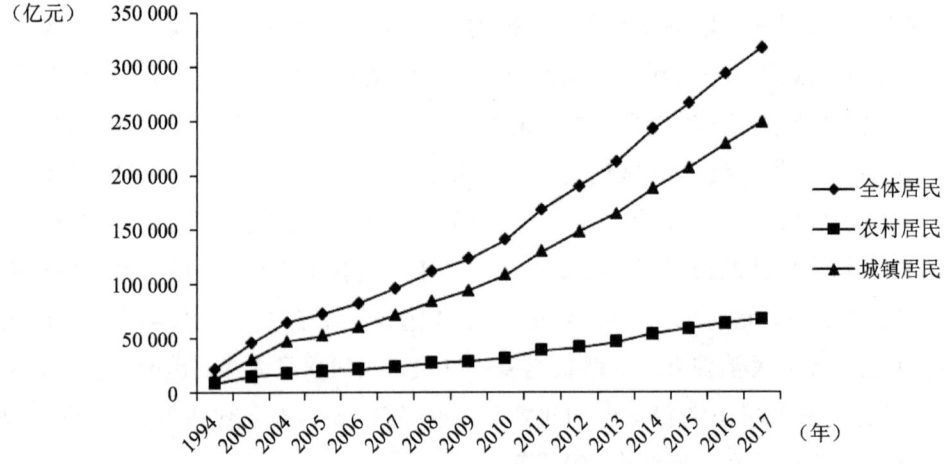

图 3-1　我国居民消费支出变化趋势图

从人均消费水平来看，居民消费同样呈现逐年增加的趋势。我国农村居民人均消费支出从 1994 年的 1038 元增加到 2017 年的 10 955 元，是 1994 年的 10.6 倍，城镇居民人均消费支出由 1994 年的 3852 元增加到 2017 年的 24 445，是 1994 年的 6.3 倍，全体居民人均消费支出由 1994 年的 1833 元增加到 2017 年的 18 322 元，是 1994 年的 10 倍。城镇居民的人均消费水平高于农村居民，1994—2017 年城镇居民人均消费支出是农村居民消费支出的近 3 倍以上。

虽然我国居民的消费水平在逐年增加，但居民消费支出在经济增长中的比重却呈现下降趋势（见表 3-2、图 3-2）。

表 3-2　我国 1994—2017 年居民人均消费支出

单位：元

年份	全体居民	农村居民	城镇居民
1994	1833	1038	3852
1999	3346	1766	6405
2000	3632	1860	6850
2001	3887	1969	7161
2002	4144	2062	7486
2003	4475	2103	8060
2004	5032	2319	8912
2005	5596	2657	9593
2006	6299	2950	10 618
2007	7310	3347	12 130
2008	8430	3901	13 653
2009	9283	4163	14 904
2010	10 522	4700	16 546
2011	12 570	5870	19 108
2012	14 098	6515	21 120
2013	15 632	7409	22 880
2014	14 491	8383	19 968
2015	15 712	9223	21 392
2016	17 111	10 130	23 079
2017	18 322	10 955	24 445

数据来源：《中国统计年鉴》2018。

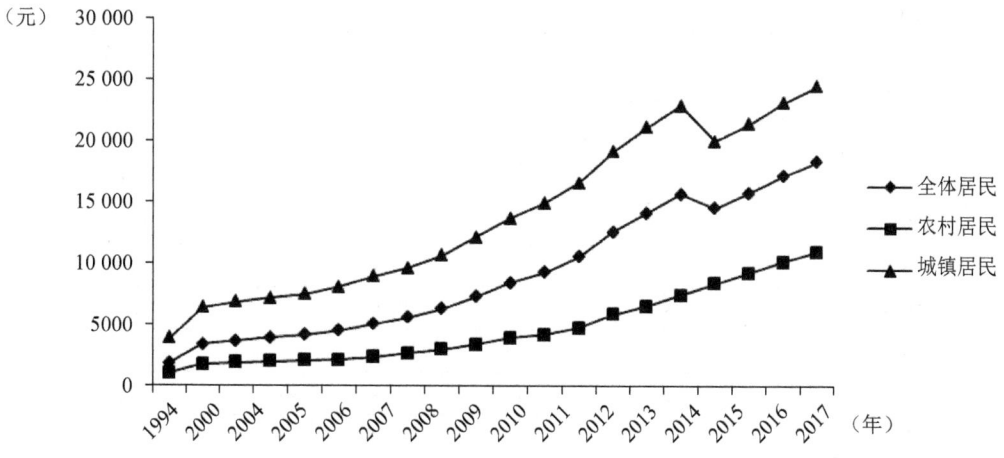

图 3-2　我国居民人均消费支出变化趋势图

1994—2017年间我国居民消费率呈现下降趋势，由1994年的43.5%下降到2017年的39.1%，下降了4.4个百分点。1994—2004年的11年间，虽然居民消费率在下降，但仍保持在40%以上，从2005年开始，居民消费率低于40%，且下降速度较快，到2010年已经低于35%，但从2011年开始，居民消费率又呈现缓慢上升趋势，到2016年又达到了39.21%，接近40%。分城乡来看，城镇居民和农村居民的消费率表现出不同的变化趋势。整体来看，城镇居民消费率呈现先上升后下降再上升的趋势，2000年以前，消费率逐年上升，2000年城镇居民消费率达到31.10%，但2000年以后消费率表现出明显的下降趋势，2010年下降到27.01%，下降了近4个百分点。但从2011年开始，又呈现逐渐上升趋势，从2011年的27.50%上升到2017年30.70%，又接近了2000年的消费率。农村居民消费率总体呈现下降趋势，且下降幅度较大，由1994年的17.67%下降到2016年的8.59%，下降了近10个百分点。2006年开始，农村居民消费率低于10%，消费率较低。与城镇居民消费率较为平稳的变化趋势相比，农村居民消费率波动性大，消费水平较低（见表3-3）。

表3-3 1994—2017年我国居民消费率

单位：%

年份	全体居民	农村居民	城镇居民
1994	43.50	17.67	25.83
1995	44.88	17.83	27.05
1996	45.79	18.75	27.03
1997	45.21	17.85	27.36
1998	45.34	16.72	28.61
1999	46.00	16.00	30.00
2000	46.44	15.34	31.10
2001	45.34	14.48	30.86
2002	44.04	13.51	30.53
2003	42.20	11.94	30.26
2004	40.52	10.99	29.53
2005	38.93	10.65	28.28
2006	37.08	9.78	27.30
2007	36.13	9.08	27.05
2008	35.34	8.76	26.58
2009	35.43	8.32	27.12
2010	34.94	7.94	27.01
2011	35.75	8.25	27.50
2012	35.98	7.99	27.99

续表

年份	全体居民	农村居民	城镇居民
2013	36.17	8.03	28.14
2014	37.48	8.40	29.08
2015	37.54	8.46	29.56
2016	39.21	8.59	30.62
2017	39.10	8.40	30.70

数据来源:《中国统计年鉴》2018。

注:居民消费率为居民消费支出总量与支出法 GDP 的比值。

与其他国家及世界平均水平相比,我国的居民消费率确实偏低。根据世界银行的统计资料,目前高收入国家居民消费率平均为 62%,中等收入国家平均为 57.5%,世界平均为 61.5%,而我国的居民消费率仅为 35% 左右,消费率偏低已成为我国当前扩大内需的一大障碍,消费需求不足会对经济增长产生一系列负面影响。因此,如何拓展新的消费领域、培育新的消费热点以扩大内需、促进经济增长成为一个值得探讨和研究的现实问题。

二、我国居民消费区域发展现状

从 30 个省、自治区和直辖市的居民消费水平看,1978—2017 年均呈现逐年增加的趋势,年均增长速度均在 11% 以上,可以说各地区居民消费水平均保持了较快的增长速度。增长速度排在前 10 位的省份主要有:北京增长 16.6%,广东增长 15.8%,江苏增长 15.5%,上海增长 15.42%,浙江增长 15.36%,山东增长 15%,福建增长 14.92%,天津增长 14.88%,宁夏增长 14.37%,重庆增长 14.27%。可见,经济发展水平较高的省份,居民的消费水平增长也较快。在这 10 个省份中,8 个为东部省份,2 个为西部省份。虽然宁夏和重庆的居民旅游消费总体水平比其他省份低些,但其增长速度很快。

东部区域居民消费水平由 1978 年的 756.77 亿元增加到 2017 年的 178 675 亿元,年均增长 15%,中部区域居民消费水平由 1978 年的 585.6 亿元增加到 2017 年的 79 652.5 亿元,年均增长 13.4%,西部区域居民消费水平由 1978 年的 442.5 亿元增加到 2017 年的 66 517.8 亿元,年均增长 13.7%。可见,东部区域居民消费水平增长快于中部和西部,中部区域居民消费水平增长最慢。

从各地区农村居民消费水平看,2017 年农村居民消费水平排在前 10 位的省、自治区、直辖市为山东、江苏、广东、四川、河南、浙江、湖南、河北、湖北和安徽,而青海的农村居民消费水平最低,为 337 亿元,其次是宁夏、海南、天津和上海。农村居民消费水平高的省份不仅是经济发展水平较高的省份,同时也是人口比较多的省份。而上海和北京作为直辖市虽然人口总量较大,但城镇人口占的比重较大,农村人口比重较小,因此农村居民消费水平自然偏低。1997—2017年增长速度排在前10位的省份分别为青海、北京、宁夏、新疆、天津、山西、山东、贵州、内蒙古和甘肃,年均增速都在9%以上,而增长速度最慢的省份为福建,年均增速5.4%,其次是安徽,年均增速5.9%。

东部区域农村居民消费水平由1997年的7651.93亿元增加到2017年的34 490.7亿元,年均增长7.8%,中部区域农村居民消费水平由1997年的5076.14亿元增加到2017年的21 672亿元,年均增长7.5%,西部区域农村居民消费水平由1997年的3826.22亿元增加到2017年的19 047.9亿元,年均增长8.4%。可见,西部区域农村居民消费水平增长最快,中部区域农村居民消费水平增长最慢。

从各地区城镇居民消费水平看,2017年城镇居民消费水平排在前10位的省份为广东、江苏、山东、浙江、上海、河南、北京、湖北、湖南、四川。而青海城镇居民消费水平最低,为736.9亿元元,其次是宁夏、海南、甘肃和新疆。城镇居民消费水平的地区特征显然不同于农村居民,城镇居民消费水平高的省份主要集中在东部地区,且经济发展水平较高,尤其是上海和北京的城镇居民消费水平要明显高于其农村居民的消费水平。但从增长速度看,从1997—2017年间,排在前10位的省份分别是北京、江苏、浙江、宁夏、福建、河南、贵州、江西、海南和云南,基本都在15.5%以上,而增长速度最慢的省份为吉林,增速为9%,其次为黑龙江,增速为9.7%。

东部区域城镇居民消费水平由1997年的8228.21亿元增加到2017年的145 184.4亿元,年均增长15.4%,中部区域城镇居民消费水平由1997年的4432.27亿元增加到2017年的57 989.5亿元,年均增长13.7%,西部区域城镇居民消费水平由1997年的3029.07亿元增加到2017年的47 470亿元,年均增长14.8%。可见,仍然是东部区域城镇居民消费水平增长快于中部和西部,中部区域城镇居民消费水平增长最慢。

从整体来看,各地区城镇居民消费水平的增长速度要快于农村居民消费水平增长速度。

第二节 我国国内旅游消费发展现状

一、我国国内旅游的发展历程

1. 国内旅游的起步阶段(1984—1992年)

1984年,中办、国办转发的国家旅游局《关于当前旅游体制改革几个问题的报告》中明确强调了发展国内旅游的意义是"可以回笼货币,增加就业,促进社会主义的物质文明和精神文明建设",并要求加强对国内旅游的领导和管理,积极创造条件来满足广大人民群众日益增长的国内旅游需求。因此,可以把1984年作为国内旅游的起始年份(宁泽群,2005)。

受各方面条件的限制,这个阶段国内旅游采取了"不提倡、不宣传、不反对"的政策,形成了入境旅游"一花独放"的局面。这个阶段国内旅游的发展特点是:基数小,发展快,重建设,轻管理。1985年,国内旅游人次仅为2.4亿,旅游收入仅80亿元,到1992年国内旅游人次达到了3.3亿,旅游收入达到了250亿元。

在这一阶段,国家加大了对旅游产业的领导力度,基本形成了行业管理体系。但旅游各行业和部门仍然受传统计划经济模式的束缚,重建设、轻管理;重硬件建设,轻软件建设(张辉,2005)。因此,从总体来看,这一时期我国国内旅游业还是处于起步阶段,国内旅游人数和国内旅游收入无论是从绝对值还是相对值均处于很低水平,这一阶段表现为一种粗放式的追求数量增加的阶段。

2. 国内旅游平稳快速发展阶段(1993—2007年)

1993年国家旅游局出台了《关于积极发展国内旅游的意见》,明确提出要将国内旅游业纳入国民经济和社会发展计划之中,"逐渐建立统一开放有序竞争的国内旅游市场,努力发展大众旅游服务产品,提高国内旅游业的水平,努力提高质量,维护旅游者权益。"该意见的出台标志着国内旅游业已经成为旅游业的重要组成部分。

1993年国内旅游人次为4.1亿,1998年达到6.95亿,年均增长11.1%;1993年国内旅游总收入为864亿元,1998年国内旅游收入为2391亿元,年均增长22.6%;1993年国内旅游人均花费为210元,1998年人均旅游花费增加到344元,年均增长10.4%。这一阶段可以说是国内旅游快速发展阶段。

1998年召开的中央经济工作会议明确把旅游作为国民经济新的增长点,使旅游产业在国民经济中的地位进一步得到了提高。为了进一步刺激居民消费,扩大内需,1999年国务院发布了新修订的《全国年节及纪念日放假办法》,使得居民全年有"五一""十一"和春节三个长达七天的"黄金周",为人们外出旅游提供了充足的时间保证。

1999年国内旅游人次为7.19亿,2007年增加到16.10亿,年均增长10.6%;1999年国内旅游总收入为2831.92亿元,2007年为7770.6亿元,年均增长13.4%;1999年人均旅游花费为393.87元,2007年达到了482.65元,年均增长2.6%。1999—2007年为国内旅游的平稳发展阶段。

3. 国内旅游发展的新纪元(2008年至今)

2008年1月1日开始实施了《职工带薪休假条例》,该条例规定全国所有机关、团体、企业、事业单位、民办非企业单位、有雇工的个体工商户等都无一例外必须执行该条例。同时，国务院还发布了《关于修改〈全国年节及纪念日放假办法〉的决定》，对1999年的第一次修订稿进行第二次修订。这次修订把清明、端午、中秋纳入了法定假日，既突出了对中国传统节日的重视，同时又形成了几个小长假，分散了人们出游的时间，避免国内旅游过于明显的"峰谷"现象，不仅保护旅游资源，也提高了国民旅游质量。带薪休假的实施对国内旅游的健康均衡发展意义重大。2008年虽然遭遇了全球性的金融危机，但我国国内旅游仍然保持了令人满意的增长，2007年的国内旅游人次为16.1亿人次，2008年为17.12亿人次，增长了6.3%；2008年国内旅游收入达到8749.3亿元；比2007年增加了12.6%，这从侧面反映了国内旅游强劲的内在发展动力以及新休假制度的正确性。

2009年11月25日国务院会议通过《关于加快发展旅游业的地位》，要求把旅游业培育成国民经济的战略性支柱产业和人民群众更加满意的现代服务业，提出要重点发展国内旅游，这暗含着未来我国旅游业的发展应以国内民生为导向，加快国内旅游的发展。2011年12月日召开的中央经济工作会议提出的2012年经济工作的五个主要任务中的第三个任务"加快经济结构调整，促进经济自主协调发展"中，明确提出"着力扩大内需特别是消费需求，要合理增加城乡居民特别是低收入群众收入，拓宽和开发消费领域，促进居民文化、旅游、健身、养老、家政等服务"。

2018年我国国内旅游总收入增加到5.13万亿元，接待国内游客增加到55.39亿人次。

国内旅游从20世纪80年代初的兴起，到90年代初的稳步发展，再到21世纪初的高速发展，国内旅游已经替代入境旅游成为旅游产业的中坚力量和促进消费经济的重要内容。国内旅游业的快速发展，与三个因素密不可分：一是人均可支配收入的增长。2017年，我国城镇居民人均可支配收入为36 396.2元，比1993年的2577.4元增长了13.1倍，农村居民人均纯收入也从1993年的921.6元增长到2017年的13 432.4元，增长了13.6倍，成为国内旅游不断增长的源泉；二是我国居民，尤其是城镇居民休假时间的增多；三是政策因素的推动。

二、我国国内旅游消费总体发展现状

无论从人次数还是收入来看，国内旅游市场的消费规模都显示出了快速增长趋势。

我国国内旅游总收入由1994年的1023.5亿元增加到2017的45 660.8亿元，年均增长18%，人均花费由1994年的195.3元增加到2017的913.0元，年均增长6.9%，接待国内游客由1994年的5.24亿人次增加到2017年50.01亿人次，年均增长10.3%（见表3-4）。

国内旅游人数和旅游收入总量增加较快，已成为世界上规模最大的国内旅游国家，但人均旅游消费水平低，时间分布不均衡。2017年，我国人均出游花费913元。其中，城镇居民人均花费1024.6元，农村居民人均花费603.3元，而同期入境旅游者的人均花费为887.7美元，远远高出国内游客的旅游消费水平。

表3-4 1994—2017年我国国内旅游消费总体情况

年份	旅游总花费（亿元）	人均花费（元）	国内游客（百万人次）
1994	1023.5	195.3	524
1995	1375.7	218.7	629
1996	1638.4	256.2	640
1997	2112.7	328.1	644
1998	2391.2	345.0	695
1999	2831.9	394.0	719
2000	3175.5	426.6	744
2001	3522.4	449.5	784
2002	3878.4	441.8	878
2003	3442.3	395.7	870
2004	4710.7	427.5	1102
2005	5285.9	436.1	1212
2006	6229.7	446.9	1394
2007	7770.6	482.6	1610
2008	8749.3	511.0	1712
2009	10 183.7	535.4	1902
2010	12 579.8	598.2	2103
2011	19 305.4	731.0	2641
2012	22 706.2	767.9	2957
2013	26 276.1	805.5	3262
2014	30 311.9	839.7	3611
2015	34 195.1	857.0	4000
2016	39 389.8	888.2	4435
2017	45 660.8	913.0	5001

数据来源：历年《中国旅游统计年鉴》。

从1994年到2017年，我国国内旅游收入相当于GDP和第三产业的比重迅速增加，分别从2.12%和6.33%升高到5.62%与10.69%。国内旅游收入占GDP的比重从1993—2002年是逐渐上升的，2002年已经达到了3.22%，但从2003—2009年，国内旅游收入占GDP的比重低于3%，2010年又有所回升，呈现上升趋势，2017年达到

5.62%。国内旅游收入占第三产业的比重呈现同样的发展趋势,只是比重的数值要大一些,2017年比重达到最高值,为10.69%。整体来看,我国国内旅游业占GDP和第三产业的比重仍然偏低(见表3-5)。

表3-5　1994—2017年国内旅游收入相当于GDP和第三产业的比重

单位:%

年份	GDP比重	三产比重	年份	GDP比重	三产比重
1994	2.12	6.33	2006	2.88	7.03
1995	2.26	6.89	2007	2.92	6.98
1996	2.30	7.02	2008	2.79	6.66
1997	2.68	7.83	2009	2.99	6.88
1998	2.83	7.82	2010	3.13	7.25
1999	3.16	8.36	2011	4.08	9.41
2000	3.20	8.20	2012	4.38	9.81
2001	3.21	7.94	2013	4.62	10.02
2002	3.22	7.77	2014	4.71	9.84
2003	2.53	6.15	2015	4.96	9.88
2004	2.95	7.30	2016	5.29	10.25
2005	2.86	7.06	2017	5.62	10.69

数据来源:根据历年中国统计年鉴相关数据计算而得。

从1999年国庆节开始,我国实行了春节、"五一""十一"3个7天长假制,后来被称为"黄金周"。每到"黄金周"期间,居民旅游需求集中释放,产生了"井喷"现象。根据表3-6,2000—2007年中除2000年和2003年外,"黄金周"期间的旅游人数约占全年旅游人数的1/4,2007年达到了最高值,25.9%;旅游收入超过全年旅游旅游收入的20%,其中2006年达到了24.3%的最高值(见表3-6)。在三个"黄金周"中,无论是旅游接待人数还是旅游收入,"五一""黄金周"都排在第一,由于暑期旅游释放了部分旅游需求,"十一""黄金周"名列第二,而春节"黄金周"出游目的以探亲访友为主,观光度假的人数较少,平均出游人数和平均旅游收入在三个"黄金周"中排名最后。

由于2008年进行了假日政策调整,"黄金周"由三个变为两个,只剩下"十一"和春节两个"黄金周"。但从2008—2017年的"黄金周"数据看,无论是旅游人数还是旅游收入仍然呈现上升的趋势,旅游人数占国内旅游人数的比重基本接近20%,旅游收入占国内旅游收入的比重在18%左右。可见,"黄金周"期间的旅游密度之高,恐怕是中国独有的。

"黄金周"期间旅游人数的集中释放，意味着其他时间旅游人数的相对减少。这种旅游时间分布的不均衡，形成旅游业的冷热不均现象，"黄金周"期间旅游资源过度消费，而"黄金周"以外的时间旅游资源过度闲置，不利于旅游业的可持续发展。

表3-6　2000—2017年我国"黄金周"旅游接待人数和收入

年份	接待人数（亿人次）	占国内旅游人数的比重（%）	旅游总收入（亿元）	占国内旅游总收入的比重（%）
2000	1.26	16.9	574	18.1
2001	1.83	23.3	736	20.9
2002	2.19	24.9	865	22.3
2003	1.49	17.1	604	17.5
2004	2.68	24.3	1077	22.9
2005	3.02	24.9	1243	23.5
2006	3.57	25.6	1512	24.3
2007	4.17	25.9	1816	23.4
2008	2.65	15.5	1189	13.6
2009	3.37	17.7	1516	14.9
2010	3.79	18.0	1812	14.4
2011	4.55	17.2	2279	11.8
2012	6.01	20.3	3119	13.7
2013	6.31	19.3	3404	13.0
2014	7.06	19.6	3717	12.3
2015	7.90	19.8	5661	16.6
2016	8.95	20.2	8473	21.5
2017	10.49	20.9	10 069	22.1

数据来源：根据历年中国旅游统计公报的数据整理获得。

三、我国城乡居民国内旅游消费现状

表3-7、表3-8显示了1994—2017年我国城乡居民国内旅游消费的发展情况。

由表3-7可知，我国城镇居民旅游消费支出从1994年的848.2亿元增加到2017年37 673.0亿元，增长了45倍，同期农村居民旅游消费支出从175.3亿元增加到7987.8亿元，增长了44倍，显然农村居民旅游消费支出的增速要大于城镇居民，但是农村居民旅游消费水平低，基数小，同庞大的农村人口相比，农村旅游消费水平还没有释放出来，今后发展潜力巨大。

从具体年份的增长情况看，城镇居民旅游消费支出1998年和2003年两个特殊年

份是负增长，2002年、2005年和2008年是一位数增长，其余年份均保持了15%以上的增长速度，2011年达到了57.47%的高速增长。"十一五"时期是城镇居民消费支出快速发展的时期。农村居民旅游消费支出只有2000年和2001年出现了负增长，其余年份都是正增长。1995年到1999年为飞速增长阶段，1997年的涨幅达到了107.74%的骄人成绩。2000年、2001年为负增长，2003年涨幅仅为0.77%，不足1%。2004年以后又重拾升势，一直保持着较快的增长速度。无论是城镇居民还是农村居民，从2012年开始，旅游消费支出增速开始放缓。

分阶段来看，"九五"期间，城镇和农村居民旅游消费支出的年均增长率分别为14.9%和37.8%。"十五"期间分别为11.8%和12.5%。"十一五"期间分别为18.8%和16.3%；"十二五"期间分别为24%和15.7%。"九五"是农村居民旅游消费的高速增长时期，而"十一五"和"十二五"时期是城镇居民旅游消费支出的高速发展时期。

从特殊年份城乡居民旅游消费支出的增速看，旅游突发事件对城镇居民旅游消费的影响直接，而对农村居民旅游消费的影响具有滞后性。1997年开始的亚洲金融危机和2008年席卷全球的金融危机，对我国经济都带来重大影响，对居民旅游消费也产生了重要影响。城镇居民旅游消费支出1997年的增速开始下降，1998年出现了负增长。而同期的农村居民旅游消费支出仍保持了较高的增长速度，只是到了2000年和2001年的时候，旅游消费支出才出现了负增长。2008年城镇居民旅游消费支出的增速降到了7.59%，而农村居民旅游消费支出在2009年才表现出较低的6.2%的涨幅（见表3-7）。表明经济危机对农村居民旅游消费的影响传递较慢，具有滞后性。

对于2003年"非典"这样的突发事件，城镇居民和农村居民旅游消费表现出了不同的特征，城镇居民出现了负增长，而农村居民旅游消费支出仍然实现了增长，只是增长的数值较小。一方面表明城镇居民对突发事件比较敏感，出于自身安全考虑，会减少或取消旅游活动，这些突发事件持续的时间越长，对城镇居民旅游消费的影响也就越大；另一方面，对于农村居民来说，虽然由于突发事件，可能也减少了旅游活动，但对于一直较低的旅游消费水平不会产生较大的影响。

表3-7 我国城镇和农村居民旅游总消费及增长率

年份	城镇居民（亿元）	增长率（%）	农村居民（亿元）	增长率（%）
1994	848.2	—	175.3	—
1995	1140.1	34.41	235.6	34.40
1996	1368.4	20.02	270.0	14.60
1997	1551.8	13.40	560.9	107.74
1998	1515.1	-2.36	876.1	56.20

续表

年份	城镇居民（亿元）	增长率（%）	农村居民（亿元）	增长率（%）
1999	1748.2	15.39	1083.7	23.70
2000	2235.3	27.86	940.3	−13.23
2001	2651.7	18.63	870.7	−7.40
2002	2848.1	7.41	1030.3	18.33
2003	2404.1	−15.59	1038.2	0.77
2004	3359.0	39.72	1351.7	30.20
2005	3656.1	8.84	1629.7	20.57
2006	4414.7	20.75	1815.0	11.37
2007	5550.4	25.73	2220.2	22.33
2008	5971.7	7.59	2777.6	25.11
2009	7233.8	21.13	2949.9	6.20
2010	9403.8	30.00	3176.0	7.66
2011	14 808.6	57.47	4496.8	41.59
2012	17 678.0	19.38	5028.2	11.82
2013	20 692.6	17.05	5583.5	11.04
2014	24 219.8	17.05	6092.1	9.11
2015	27 610.9	14.00	6584.2	8.08
2016	32 241.3	16.77	7147.8	8.56
2017	37 673.0	16.85	7987.8	11.75

数据来源：历年《中国旅游统计年鉴》。增长率根据城镇和农村居民旅游总消费的数据计算得到的。

从旅游人均消费支出情况看，城镇居民由1994年的414.7元增加到2017年的1024.6元，增长了1.5倍，农村居民由1994年的54.9元增加到2017年的603.3元，增长了10倍，仍然快于城镇居民的增长速度，但人均消费水平较低，2013年农村居民人均旅游消费支出水平相当于城镇居民1996年的水平。城镇居民2003年、2008年、2009年和2011年出现了负增长，农村居民2000—2003年和2006年出现了负增长（见表3-8）。特殊年份对城镇和农村居民人均旅游消费支出的影响与旅游消费支出具有类似的特征。

表3-8 我国城镇和农村居民人均旅游消费及增长率

年份	城镇居民（元）	增长率（%）	农村居民（元）	增长率（%）
1994	414.7	—	54.9	—
1995	464.0	11.89	61.5	12.02
1996	534.1	15.11	70.5	14.63

续表

年份	城镇居民（元）	增长率（%）	农村居民（元）	增长率（%）
1997	599.8	12.30	145.7	106.67
1998	607.0	1.20	197.0	35.21
1999	614.8	1.29	249.5	26.65
2000	678.6	10.38	226.6	−9.18
2001	708.3	4.38	212.7	−6.13
2002	739.7	4.43	209.1	−1.69
2003	684.9	−7.41	200	−4.35
2004	731.8	6.85	210.2	5.10
2005	737.1	0.72	227.6	8.28
2006	766.4	3.98	221.9	−2.50
2007	906.9	18.33	222.5	0.27
2008	849.4	−6.34	275.3	23.73
2009	801.1	−5.69	295.3	7.26
2010	883.0	10.22	306	3.62
2011	877.8	−0.59	471.4	54.05
2012	914.5	4.18	491	4.16
2013	946.6	3.51	518.9	5.68
2014	975.4	3.04	540.2	4.10
2015	985.5	1.04	554.2	2.59
2016	1009.1	2.39	576.4	4.01
2017	1024.6	1.54	603.3	4.67

数据来源：历年《中国旅游统计年鉴》。增长率根据城镇和农村居民旅游人均花费的数据计算得到的。

从出游人次来看，1994—2017年间，城镇居民和农村居民国内出游人次由1994年的2.05亿人次和3.19亿人次分别增加到2017年的36.77亿人次和13.24亿人次，分别增长了17倍和3.2倍。显然城镇居民出游人次保持了较快的增长速度。城镇居民出游人次只有1998和2003年出现了负增长，而农村居民1999—2001年、2009年和2011年出现了负增长。除了1995年、1998年、2002—2003年、2005年、2007年城镇居民出游人数的增长率慢于农村居民，其余年份均快于农村居民，尤其是2008—2011年保持了平稳而较高的增长速度，而农村居民出游人数在这一时期却出现了负增长和低增长（见表3-9）。

分阶段来看，"九五"期间，城镇及农村居民国内旅游出游人次年均增长率分别为6.0%和1.6%；"十五"期间分别为8.6%和11.5%；"十一五"期间分别为16.5%和7.7%；

"十二五"期间分别为 21.3% 和 2.7%。我国城镇居民出游人次保持了较高的增长速度，尤其是"十一五"和"十二五"时期；农村居民出游人次的增速"十一五"之后有所下降，且下降明显，两者差距比较明显。

表 3-9　1994—2017 年我国城镇和农村居民出游人次及增长率

年份	城镇居民（百万人次）	增长率（%）	农村居民（百万人次）	增长率（%）
1994	205	—	319	—
1995	246	20.00	383	20.06
1996	256	4.07	383	0.00
1997	259	1.17	385	0.52
1998	250	−3.47	445	15.58
1999	284	13.60	435	−2.25
2000	329	15.85	415	−4.60
2001	375	13.98	409	−1.45
2002	385	2.67	493	20.54
2003	351	−8.83	519	5.27
2004	459	30.77	643	23.89
2005	496	8.06	716	11.35
2006	576	16.13	818	14.25
2007	612	6.25	998	22.00
2008	703	14.87	1009	1.10
2009	903	28.45	999	−0.99
2010	1065	17.94	1038	3.90
2011	1687	58.40	954	−8.09
2012	1933	14.58	1024	7.34
2013	2186	13.09	1076	5.08
2014	2483	13.59	1128	4.83
2015	2802	12.85	1188	5.32
2016	3195	14.03	1240	4.38
2017	3677	15.09	1324	6.77

数据来源：历年《中国旅游统计年鉴》。增长率根据城镇和农村居民出游人次的数据计算得到的。

因此，无论是旅游总花费、人均花费，还是出游人次，城镇居民在国内旅游市场始终占据着主导地位，农村居民旅游消费潜力没有得到充分释放，必须引起高度重视，有可能成为双刃剑。引导合理，可以促进旅游消费，促进消费；引导不合理，阻碍旅游消费，降低消费水平。

四、我国城乡居民旅游消费结构

在历年的《中国国内旅游抽样调查资料》中，只分别列出了城镇居民和农村居民散客出游者的长途交通、住宿、餐饮、市内交通、景区游览、邮电通信、娱乐、购物和其他服务等9类旅游花费构成的数据，基于此，本书分别用城镇居民和农村居民散客国内旅游花费构成来分析旅游消费结构。因为1996—2016年间，我国城镇散客国内旅游者占其总体旅游者的比重达80%左右，农村居民这一比重高于90%，因此，用散客的旅游花费构成来分析总体的旅游消费结构没有太大影响。

基于数据的可得性，城镇居民消费结构分析的样本期为1996—2016年，农村居民消费结构为2000—2016年，原始数据均来源于历年的《中国国内旅游抽样调查资料》。城乡居民国内旅游消费结构见表3-10和表3-11。

表3-10 我国城镇居民旅游消费结构

单位：%

年份	交通	住宿	餐饮	游览	购物	娱乐	电信	其他
1996	35.8	16.0	18.4	4.9	16.5	1.8	0.7	5.9
1997	34.7	13.4	15.8	5.0	17.1	1.5	0.6	11.9
1998	33.4	15.8	16.8	5.4	16.4	1.8	0.6	9.8
1999	33.2	13.1	15.0	6.4	17.0	2.2	0.5	12.5
2000	32.7	14.7	17.0	7.5	14.7	2.4	0.7	9.8
2001	33.1	14.2	16.4	7.5	14.2	2.3	0.7	11.1
2002	28.5	13.3	16.7	7.9	16.9	2.8	0.6	13.2
2003	28.9	13.1	17.3	8.3	16.8	2.7	0.7	12.2
2004	30.5	13.7	16.5	8.6	14.5	2.6	0.6	13.0
2005	29.0	13.0	16.7	8.5	15.9	2.8	0.8	13.3
2006	29.6	11.3	16.3	7.9	15.9	2.5	0.8	15.7
2007	27.2	11.2	15.1	7.5	16.5	2.4	0.7	18.9
2008	23.9	9.1	17.8	6.3	23	3.1	1.1	15.6
2009	23.4	8.0	17.7	6.4	24.9	2.9	1.0	15.7
2010	23.7	8.7	17.7	7.2	23.7	2.5	0.8	15.7
2011	33.7	14.5	22.2	5.3	20.4	—	—	3.9
2012	32.1	14.1	24.9	5.4	19.8	—	—	3.7
2013	32.7	13.5	26.2	5.3	18.9	—	—	3.4
2014	32.3	15.4	26.3	6.2	16.0	—	—	2.8
2015	30.9	15.8	26.0	5.6	18.9	—	—	2.8
2016	34.3	17.7	26.0	6.1	12.3	—	—	3.5

数据来源：历年《中国国内旅游抽样调查资料》。

表 3-11 我国农村居民旅游消费结构

单位：%

年份	交通	住宿	餐饮	游览	购物	娱乐	电信	其他
2000	28.7	10.7	15.1	4.1	24.5	2.1	2.8	12
2001	27.7	9.6	14.6	5.4	27.7	1.2	1.0	12.8
2002	30.5	7.3	12.2	4.5	26.5	0.9	1.1	16.9
2003	27.9	5.9	11.3	3.7	29.9	1.0	1.3	19.1
2004	29.0	6.3	11.7	4.2	26.6	1.2	1.4	19.5
2005	28.4	5.9	10.2	3.7	26.5	1.0	1.4	22.9
2006	32.2	6.0	10.7	3.6	26.3	1.1	1.9	18.1
2007	30.5	5.5	10.0	3.4	27.4	1.1	2.1	20.0
2008	26.0	5.8	10.4	2.7	30.5	1.1	1.3	22.3
2009	20.6	2.2	8.8	2.4	46.0	1.2	1.0	17.8
2010	19.9	2.4	8.6	2.1	44.7	1.0	1.0	20.3
2011	28.4	10.7	22.4	4.9	28.8	—	—	4.8
2012	28.8	11.3	26.3	4.5	25.5	—	—	3.7
2013	29.3	9.4	27.7	4.6	25.6	—	—	3.4
2014	30.5	11.0	26.8	4.5	24.6	—	—	2.5
2015	29.5	11.2	26.8	4.8	24.4	—	—	3.3
2016	31.6	13.0	27.2	6.4	16.8	—	—	5.0

数据来源：历年《中国国内旅游抽样调查资料》。

注：2011年之后的数据是过夜和一日游的数据，而之前的数据是过夜游客的数据。

由表 3-10 和表 3-11 可以看出，在基本消费中，城乡居民的交通费用比重最大，城镇居民的比重自 1996—2010 年呈现逐渐下降的趋势，下降了近 13 个百分点，2011 年之后呈现逐渐上升的趋势，且比重均超过了 30%。农村居民的比重呈现先缓慢上升，然后下降，又上升的趋势，2006 年达到最高点，2009 年为最低点。餐饮消费次之，城镇居民餐饮消费比重基本保持在 17% 左右，农村居民餐饮比重低于城镇居民近 10 个百分点，2000—2009 年间，其比重下降近 8 个百分点，这与近年来物价上升，各大旅游景点餐饮费用增高，农村居民出游大都自带饮食或到亲朋好友家用餐有关。住宿消费比重居第三，城乡居民住宿消费比重具有明显的下降趋势，1996—2009 年间，城镇居民住宿消费比重下降了 8 个百分点，农村居民的住宿消费比重由 2000 年的 10.7% 下降为 2009 年的 2.2%，9 年间下降了 8.5 个百分点，下降幅度较大。城乡居民在住宿消费上差距较大，相差 5~7 个百分点，这主要是因为农村居民出游大都借住在亲朋好友家中。城乡居民国内旅游消费中游览一项的消费比重最小，城镇居民的游览消费比重十几年来始终保持在 5%~9%，总体呈上升趋势，农村居民景区游览的消费比重保持在 2%~6%。

非基本消费中，购物消费支出比重居首位，其次是其他服务消费支出。城乡居民购物消费保持稳步增长态势，2008 年后城镇居民购物比重超过了 20%，而农村居民购物比重超过了 30%，增速很快。这与近几年各地对旅游购物产品开发创新的重视、各地旅游购物环境的改善以及居民收入水平的提高密切相关。城乡居民其他服务消费比重均逐年增加，农村居民在其他服务方面的消费比重高于城镇居民，这主要是因为农村居民有相当一部分出游者是进城看病，在医疗保健方面的花费高于城镇居民。娱乐消费和邮电通信消费在城乡居民非基本消费中的比重都较低，二者之和只有 2%~3%。说明各地休闲娱乐产品的开发和娱乐设施的完善是亟待解决的问题。

图 3-3 和图 3-4 显示了城乡居民国内旅游中基本消费和非基本消费的变化情况。总体来看，城镇居民基本消费的比重始终高于非基本消费的比重。2010 年之前基本消费的比重呈现小幅度下降的趋势，而非基本消费相应呈现小幅度上升的趋势，与基本消费的差距逐渐缩小，但始终低于基本消费比重，2009 年基本消费比重高出非基本消费比重 11 个百分点。2011 年之后，基本消费比重大于非基本消费比重，且两者差距在不断扩大。1996 年城镇居民非基本消费比重为 24.9%，2009 年比重上升到 44.5%，上升了近 20 个百分点，2010 年以后有所下降（见图 3-3）。

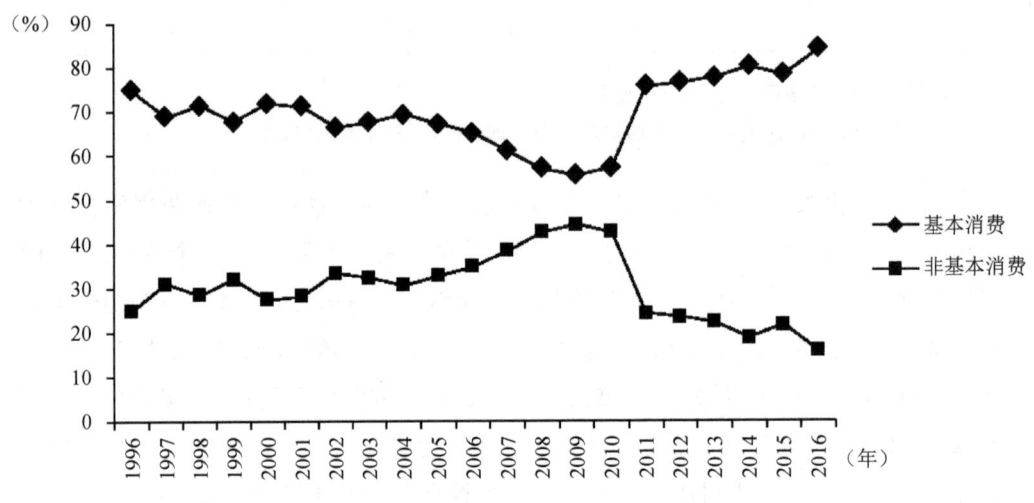

图 3-3 城镇居民旅游基本消费和非基本消费变化趋势图

2000—2010 年农村居民的基本旅游消费比重呈现下降的趋势，而非基本消费呈现上升的趋势，2003—2010 年非基本消费的比重高于基本消费的比重，之后，基本消费的比重又开始上升。2008 年非基本消费比重超过基本消费比重 11 个百分点，2009 年非基本消费比重占到总消费支出的 66%，高出基本消费比重 22 个百分点（见

图 3-4),其中就购物一项比重就高达 46%,占非基本消费比重的近 7 成。考虑到农村居民目前的国内旅游消费以探亲访友为主要目的,中国的传统习俗一直以来就是探亲访友时要携带礼品前往,故而不能仅通过购物消费比重判断农村居民旅游消费发展状况。总体来看城乡居民国内旅游消费结构不断趋于合理,但是与发达国家非基本消费占 70%~80% 的比重相比,仍有很大的上升空间,随着居民收入水平的提高、旅游产品供给结构的合理化,非基本消费比重在城乡居民国内旅游消费中的比重将会进一步提高。但同时也看出,娱乐消费在城乡居民国内旅游消费中比重非常小,这在一定程度上制约了非基本消费比重的提高,如不加以合理引导,这将会成为制约国内旅游市场发展的一大瓶颈。

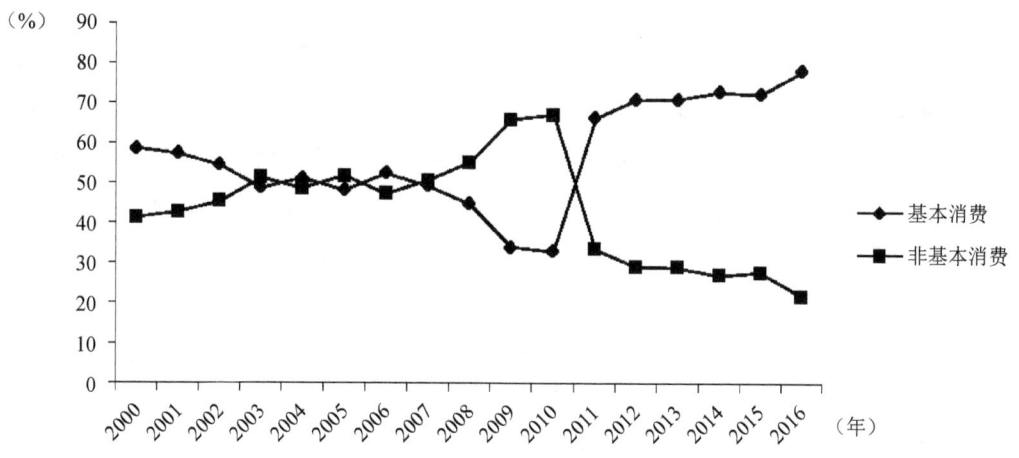

图 3-4 农村居民旅游基本消费和非基本消费变化趋势图

五、我国国内旅游消费区域发展现状

(一)各地区国内旅游消费整体发展现状

从各地区国内旅游消费数额看,除了 2003 年"非典"时期外,其余年份均呈现逐年上升的趋势。从 2017 年各地区国内旅游消费数额看,排在前 10 位的省份分别是江苏、广东、四川、浙江、山东、贵州、湖南、云南、河南和江西,国内旅游消费数额较低的省份主要有新疆、甘肃、海南、青海和宁夏,其中最高省份江苏的国内旅游消费额是最低省份宁夏的 41 倍。

从各地区国内旅游消费增长速度看,1999—2017 年增长速度排在前 10 位的省份主要有:内蒙古、贵州、吉林、甘肃、山西、青海、湖南、江西、陕西和安徽,其中内蒙古的年均增长速度达到 37%;而增长速度较慢的省份主要有:黑龙江、广东、海南、北京和上海。可以看出,国内旅游消费增长较快的省份主要集中在中西部地区,表明今后这些地区的国内旅游消费潜力巨大。而东部经济发展较快的地区，国内旅游消费基数已经很大，所以其增长速度要慢于中西部地区。

从三大区域看，东部地区国内旅游消费1999—2017年年均增速为17.2%，中部地区为22.6%，西部地区为24.3%，可以看出，西部国内旅游消费水平增长最快，其次是中部，最后是东部，表明今后中西部地区是我国国内旅游消费增长潜力较大的区域。

从各地区国内旅游接待人次看，除了2003年"非典"时期外，其余年份均呈现逐年上升的趋势。从2017年看，国内旅游接待人次排在前10位的省份分别是广东、山东、贵州、江苏、湖南、四川、河南、湖北、浙江和安徽，接待国内旅游人次较少的省份主有：内蒙古、新疆、海南、青海、宁夏，其中最高省份广东的国内旅游接待人次是最低省份宁夏的30倍。

从各地区国内旅游接待人次看，1999—2017年增长速度排在前10位的省份主要有：贵州、甘肃、江西、山西、安徽、重庆、青海、陕西、内蒙古和湖南，而江苏、海南、黑龙江、上海和北京的国内旅游接待人次增长速度较慢，北京仅为6.6%，而贵州高达22.6%。可以看出，国内旅游接待人次总体水平较高的省份主要集中在东中部地区，而增长速度较快的省份主要集中在西部地区，表明中西部地区是今后促进国内旅游消费的主要地区。

从三大区域看，东部地区国内旅游接待人次1999—2017年年均增速为13.6%，中部地区年均增速为16.5%，西部地区年均增速为17.7%，可以看出，西部国内旅游接待人次增长最快，其次是中部，最后是东部，表现出与国内旅游花费同样的特征。

（二）各地区城乡居民旅游消费发展现状

1. 各地区城镇居民旅游消费发展现状

我国历年国内旅游抽样调查资料中关于城镇居民部分选择了部分城市进行了调查。2007年之前调查对象为39个，2008年之后调整为30个城市，因此，本书考虑到数据的连续性和可比性，选择了30个城市进行比较。2011年之后，没有对相关的城市进行调查，因此，本书选取的时间段为2000—2010年。

从整体来看，2000—2010年期间，除了2003年"非典"和2008年、2009年金融危机两个特殊时期外，城市城镇居民国内旅游人均消费均呈现逐年增加的趋势，其中长春的人均旅游消费平均值最高，为1694.5元，最低的城市大连仅为403.9元，两个城市相差4倍。人均旅游消费排在前五位的城市为长春1694.5元、深圳1615.3元、西宁1572元、呼和浩特1381.3元、乌鲁木齐1344.9元，而人均旅游消费排在后五位的城市为：大连403.9元、西安439.1元、沈阳502.5元、重庆615.4元、广州655.6元。

把30个城市按照东中西三大区域进行划分后，各个区域的城镇居民旅游消费情况为（见表3-12）。

表 3-12　2000—2010 年三大区域城镇居民国内旅游人均消费

单位：元

年份	东部	中部	西部
2000	792.0	790.0	855.4
2001	780.6	978.3	938.9
2003	705.1	1090.9	995.9
2004	810.8	1071.0	1053.3
2005	799.3	1557.9	954.0
2006	805.9	1182.9	912.5
2007	937.3	1409.1	1154.7
2008	1036.5	1166.0	866.7
2009	1035.7	1049.7	865.3
2010	1092.9	1278.0	924.6

数据来源：根据国内旅游抽样调查资料计算得到。

由表 3-12 可知，三大区域城镇居民人均消费均呈现逐年上升的趋势，东部年均增长 3.3%，中部年均增长 4.9%，西部年均增长 0.8%，其中中部增长最快，东部次之，西部最慢。各地区城镇居民旅游消费除了受当地的收入水平和经济发展水平的影响，与各地区的消费习惯也有着密切的关系。例如，长春和哈尔滨的城镇居民在同等收入条件下，比较喜欢外出旅游，导致其家庭旅游支出就要高些，而有些经济发展水平和收入水平较高的城市，而城镇居民的旅游消费水平并不高，例如，广州的城镇居民虽然外出，有可能是短途旅游，长距离的外出较少，因此其旅游消费支出也会较少。因此，从各地区城镇居民消费支出情况看，表明国内旅游消费水平也并不是完全受收入水平的影响，比如有外出旅游的传统，或交通非常方便，这也都是影响旅游消费的因素。

从城镇居民出游率情况看，2010 年出游率最高的城市为广州，493.8%，最低的城市为呼和浩特，仅为 44.7%。出游率一年超过四次以上的城市还有大连、西安、济南和宁波，在 3~4 次之间的城市有兰州、长沙、重庆和武汉，在 2~3 次之间的城市有深圳、沈阳、天津和上海，而呼和浩特、南昌、拉萨、乌鲁木齐和郑州的出游率还不足 1 次，其余城市的出游率在 1~2 次之间。

2. 各地区农村居民旅游消费发展现状

我国历年国内旅游抽样调查资料中关于农村居民部分选择了 30 个省份进行了调查。2011 年之后，没有对各地区农村居民旅游消费情况进行调查和统计，因此，本书选取的时间段为 2000—2010 年。

从各地区情况看，2000—2010年平均人均旅游消费最高的省份是内蒙古，为447.1元，其次是上海425.6元、北京399.3元、广东390.5元、浙江344元。陕西省的人均消费最低为159.5元，甘肃、河南、青海、海南、宁夏和吉林的人均消费数额也相对较低，没有超过200元。可见，农村居民人均消费较高的省份还是东部经济发展水平较高的省份，而西部的一些省份人均消费较低。

把30个省份按照东中西三大区域进行划分后，各个区域的农村居民旅游消费情况见表3-13和图3-5。

表3-13 2001—2010年三大区域城镇居民国内旅游人均消费

单位：元

年份	东部	中部	西部
2001	337.3	215.1	233.7
2003	282.9	200.4	213.0
2004	271.6	170.2	199.3
2005	274.3	198.1	238.0
2006	261.9	197.8	227.4
2007	284.5	213.7	239.7
2008	307.7	282.8	242.3
2009	343.1	281.1	264.4
2010	336.7	283.7	303.5

数据来源：根据国内旅游抽样调查资料计算得到。

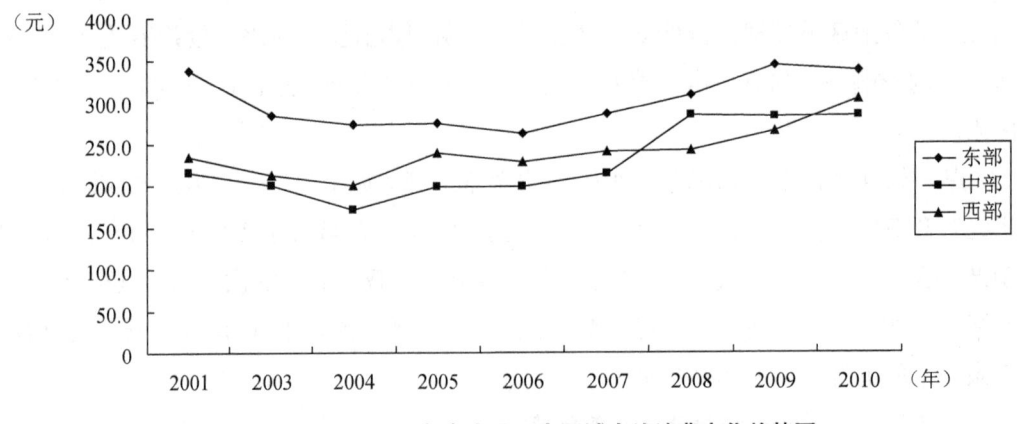

图3-5 2001—2010年东中西三大区域人均消费变化趋势图

2001—2010年间，东部地区人均消费2000年为337.3元，2009年达到最高值343.1元，而2010年下降到336.7元。中部地区人均消费从2001年的215.1元增加到

2010年的283.7元，西部地区从2001年的233.7元增加到2010年的303.5元。东部地区的人均消费要高于中西部地区，而西部地区在2008年和2009年超过了东部地区。目前三大区域的人均消费基本接近。从时间趋势上看，东部地区的农村居民人均消费呈现先降后升的趋势，而中部和西部均呈现逐年上升的趋势。

从农村居民出游率情况看，2010年出游率最高的省份是重庆，为203.5%，最低的是河南，为50.8%。只有重庆一个省份出游率超过了2次，其余地区均在2次以下。河南、广西、江西、新疆和陕西的出游率在70%以下。

由图3-6至图3-8可知，三大区域的出游率的变化趋势基本相同，均呈现逐年增加的趋势，只有个别省份有下降的趋势。

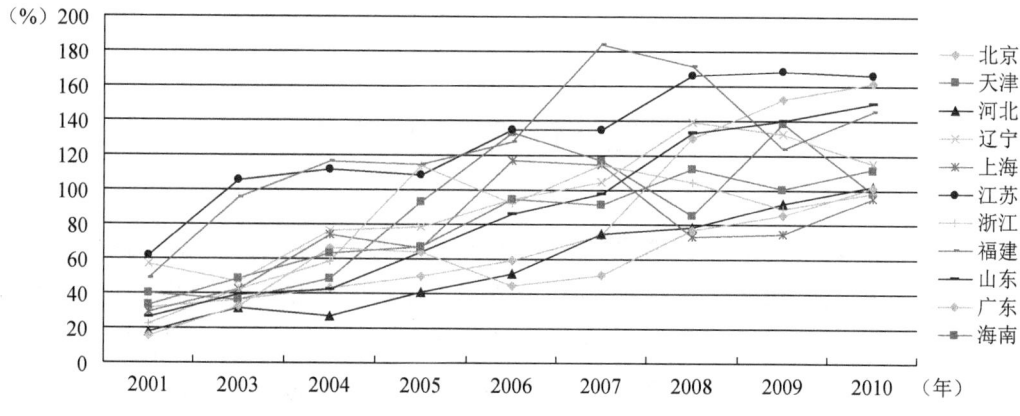

图3-6 东部地区农村居民出游率变化趋势图

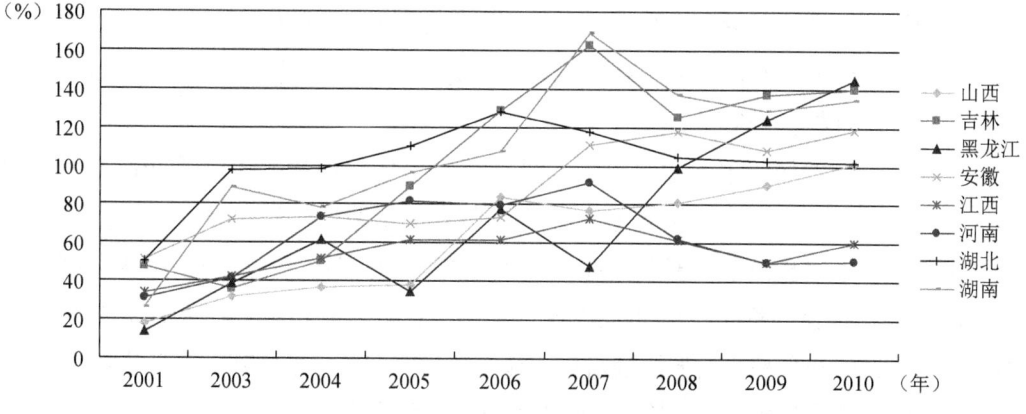

图3-7 中部地区农村居民出游率变化趋势图

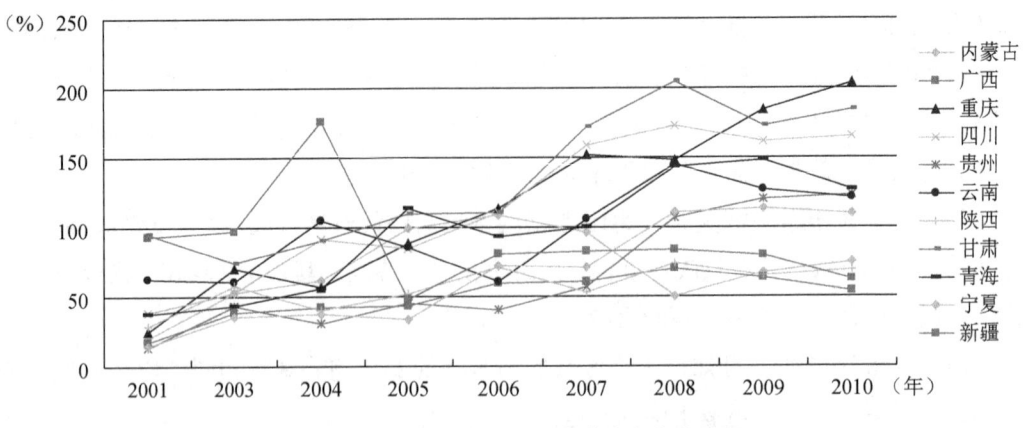

图 3-8 西部地区农村居民出游率变化趋势图

第三节 本章小结

本章主要分析了我国居民消费和国内旅游消费的现状,主要包括以下内容。

我国居民消费支出总额呈现逐年增加的趋势,年均增长 12.3%,其中城镇居民消费支出年均增长 13.7%,农村居民消费支出年均增长 9.3%。其中城镇居民消费支出占居民消费支出的比重从 1994 年的 59.4% 上升到 2017 年的 78.5%,城镇居民的消费是居民消费的重要组成部分。居民人均消费水平来同样呈现逐年增加的趋势。1994—2017 年城镇居民人均消费支出是农村居民消费支出的 3 倍以上。虽然我国居民的消费水平在逐年增加,但居民消费支出在经济增长的比重却呈现下降的趋势。2017 我国的居民消费率仅为 39.1% 左右。与城镇居民消费率较为平稳的变化趋势相比,农村居民消费率波动性大,消费水平较低。

从各个地区的居民消费水平看,均呈现逐年增加的趋势,1978—2017 年年均增长速度均在 11% 以上,可以说各地区居民消费水平均保持了较快的增长速度。东部区域居民消费水平增长快于中部和西部,中部区域居民消费水平增长最慢。从各地区农村居民消费水平看,西部增长速度最快,为 8.4%;东部增长 7.8%,中部为 7.5%。各地区城镇居民消费水平增长最快是东部,其次是西部,最后是中部。而且从整体来看,各地区城镇居民消费水平的增长速度要快于农村居民消费水平增长速度。

从我国国内旅游消费方面看,无论从人次数还是收入来看,国内旅游市场的消费规模都显示出了快速增长趋势。我国国内旅游总收入 1994—2017 年年均增长 18%,人均消费年均增长 6.9%,接待国内游客年均增长 10.3%。虽然我国国内旅游人数和旅游收入总量增加较快,已成为世界上规模最大的国内旅游国家,但人均旅游消费水平低,占国民经济比重不高，时间分布不均衡。

无论是旅游总消费、人均消费、还是出游人次，城镇居民在国内旅游市场始终占据着主导地位，农村居民旅游消费潜力没有得到充分释放。城镇居民旅游消费支出1994—2017年增长了43倍，同期农村居民旅游消费支出增长了44倍，显然农村居民旅游消费支出的增速要大于城镇居民，但是农村居民旅游消费水平低，基数小，同庞大的农村人口相比，今后发展潜力巨大。

城镇居民基本消费的比重始终高于非基本消费的比重。基本消费的比重呈现先降后升的趋势，而非基本消费相应呈现先升后将的趋势，与基本消费的差距2010年之前是逐渐缩小，但2011年之后开始拉大，但始终低于基本消费比重。农村居民的基本旅游消费比重也呈现先降后升的趋势，而非基本消费呈现先升后降的趋势，2003—2010年非基本消费的比重高于基本消费的比重，之后，基本消费的比重又开始上升。

从三大区域看，西部地区国内旅游消费增长最快，24.3%，其次是中部地区为22.6%，最后为东部，年均增速为17.2%。今后中西部地区是我国国内旅游消费增长潜力较大的区域。国内旅游接待人次总体水平较高的省份主要集中在东中部地区，而增长速度较快的省份主要集中在西部地区，表明中西部地区是今后促进国内旅游消费的主要地区。西部国内旅游接待人次增长最快，其次是中部，最后是东部，表现出与国内旅游花费同样的特征。

三大区域城镇居民人均旅游花费均呈现逐年上升的趋势，东部年均增长3.3%，中部年均增长4.9%，西部年均增长0.8%，其中中部增长最快，西部最慢。各地区城镇居民旅游消费除了受当地的收入水平和经济发展水平的影响，与各地区的消费习惯也有着密切的关系。农村居民东部地区的人均花费要高于中西部地区，而西部地区在2008年和2009年超过了东部地区。目前，三大区域的人均花费基本接近。从时间趋势上看，东部地区的农村居民人均花费呈现先降后升的趋势，而中部和西部均呈现逐年上升的趋势。

第四章 国内旅游消费对居民消费的影响分析

国内旅游消费作为居民消费的组成部分,必将对居民消费产生影响。那么,国内旅游消费对居民消费的影响程度如何,贡献有多大,城镇和农村居民的影响有什么不同,这些问题正是本书的核心问题,也是本章的主要内容,通过本章的分析,为后面政策的制定提供科学的理论依据。

第一节 国内旅游消费对居民消费的贡献

一、国内旅游消费占居民消费的比重

1994—2017年居民旅游消费总支出占居民消费支出的比重呈现逐年上升的趋势,由1994年的4.69%上升到2017年的14.38%,上升了9.69个百分点。1994—1997年为4%~5%之间,1998—2000年6%左右,2001—2006年7%以上,2007—2010年8%~9%之间,2011年开始,比重超过10%。

城镇居民旅游消费占城镇居民消费的比重由1994年的6.54%上升到2017年的15.11%,上升了8.57个百分点。1994—1999年比重在6%左右,2000—2010年在7%~8%之间,2011年开始超过10%。

农村居民旅游消费占消费的比重由1994年的1.98%上升到2017年的11.7%,上升了9.72个百分点。1997年之前,旅游消费占消费的比重还在4%以下,1998年以后开始超过6%,2008年开始超过了10%。

从总量角度看,不论是城镇居民还是农村居民,旅游消费在消费中的比重上升很快,已超过10%,可以看出旅游消费对消费的促进作用在逐步增强,主要是由于旅游消费的增长速度均快于消费的增长速度(见表4-1)。

表 4-1　1994—2017 年居民旅游消费占消费的比重

单位：%

年份	全体居民	城镇居民	农村居民	年份	全体居民	城镇居民	农村居民
1994	4.69	6.54	1.98	2006	7.54	7.26	8.33
1995	4.85	6.67	2.09	2007	8.07	7.70	9.17
1996	4.83	6.83	1.94	2008	7.83	7.11	10.04
1997	5.72	6.94	3.85	2009	8.24	7.65	10.17
1998	6.10	6.12	6.05	2010	8.94	8.64	9.93
1999	6.76	6.40	7.43	2011	11.43	11.39	11.54
2000	6.93	7.28	6.21	2012	11.92	11.94	11.88
2001	7.13	7.88	5.51	2013	12.38	12.54	11.85
2002	7.31	7.74	6.33	2014	12.50	12.87	11.21
2003	5.97	5.81	6.37	2015	12.86	13.35	11.13
2004	7.22	7.07	7.64	2016	13.46	14.11	11.14
2005	7.25	6.90	8.17	2017	14.38	15.11	11.70

数据来源：根据历年《中国统计年鉴》和《中国旅游统计年鉴》中的相关数据计算得到。

二、国内旅游消费对居民消费的贡献率和拉动力

国内旅游消费对消费的贡献率是指一定时期国内旅游消费总量的增加量与当期消费总量增量的比值，其反映旅游消费增量对消费增量的贡献程度。旅游消费对消费的拉动力是指一定时期旅游消费贡献率与消费增长率的乘积，其计算公式如下（韩云虹，2005）：

旅游消费对消费贡献率 = 旅游消费支出增量 / 消费总量增量 ×100%　　　（4.1）

旅游消费对消费拉动力 = 旅游消费贡献率 × 消费增长率 /100　　　（4.2）

利用我国居民国内旅游消费和消费以及两者相应的消费价格指数等数据资料，计算了我国 1995—2017 年国内旅游消费对居民消费的贡献率和拉动力。由于我国城乡二元结构的特点，本文除综合分析居民国内旅游消费对消费的贡献率，还分别就城镇和农村居民进行了具体分析，后面也有类似的分析。居民国内旅游消费和消费的数据均来自历年《中国统计年鉴》和《中国旅游统计年鉴》。居民国内旅游消费的贡献率和拉动力的计算结果见表 4-2 和表 4-3。

表 4-2　1994—2017 年国内旅游消费的贡献率

单位：%

年份	全体居民	城镇居民	农村居民	年份	全体居民	城镇居民	农村居民
1995	5.40	4.47	0.92	2007	11.20	8.26	2.95
1996	4.70	4.09	0.62	2008	6.38	2.75	3.63
1997	15.99	6.18	9.81	2009	12.04	10.59	1.45
1998	12.07	−1.59	13.66	2010	13.95	12.64	1.32
1999	16.38	8.66	7.71	2011	23.85	19.17	4.68
2000	8.73	12.38	−3.64	2012	15.84	13.37	2.48
2001	9.69	11.63	−1.94	2013	16.53	13.96	2.57
2002	9.83	5.42	4.41	2014	13.30	11.62	1.68
2003	−9.49	−9.67	0.17	2015	16.57	14.47	2.10
2004	16.76	12.62	4.14	2016	18.92	16.86	2.05
2005	7.43	3.84	3.59	2017	26.06	22.57	3.49
2006	9.81	7.89	1.93				

数据来源：根据历年《中国统计年鉴》和《中国旅游统计年鉴》中的相关数据计算得到。

由表 4-2 可知，1994—2017 年间，国内旅游消费对居民消费的平均贡献率为 12.26%，其中城镇居民贡献率为 9.23%，农村居民贡献率为 3.03%，即居民消费增长的 12.26% 是由国内旅游消费引起的，其中的 9.23% 是由城镇居民国内旅游消费引起的，3.03% 是由农村居民国内旅游消费引起的。

具体来讲，城镇居民旅游消费贡献率和居民旅游消费贡献率呈现基本一致的变化趋势，大体呈现 M 形，波动较大。可见城镇居民消费水平对整体居民消费水平影响较大。而农村居民旅游消费的贡献率波动幅度相对较小。整体来看，城镇居民旅游消费贡献率要大于农村居民旅游消费贡献率。2006 年以来，城镇居民旅游消费贡献率呈现逐渐上升趋势，而农村居民旅游消费贡献率在逐渐减少。

1998 年城镇居民旅游消费贡献率为负，主要是由于 1997 年开始的亚洲金融危机使得城镇居民旅游消费的减少。2000 年、2001 年农村居民旅游消费贡献率为负，主要是由于农村居民旅游消费的下降。与城镇居民旅游消费比较，金融危机对农村居民的影响并没有在当年显现出来，而是滞后了两年左右，存在着滞后性。主要是由于城镇居民的收入来源主要是工资性收入，金融危机的爆发可能直接影响到当年城镇居民的收入，而农村居民的收入来源主要是经营性收入，而农产品的价格和产量的决定均存在滞后性，金融危机的爆发对当年的农产品的价格和产量影响不大，对农村居民的收入影响较小，只有在滞后的时间里，金融危机的影响才会逐渐显现出来。

2003 年整体居民和城镇居民旅游消费贡献率均为负，主要是城镇居民旅游消费的下降。而农村居民旅游消费的贡献率虽然较小，但没有出现负数。可能"非典"突发事件的发生对城镇居民的影响要大于农村居民，或者说城镇居民旅游消费更加具有敏感性或者脆弱性。

表 4-3 1995—2017 年国内旅游消费对消费的拉动力

单位：%

年份	全体居民	城镇居民	农村居民	年份	全体居民	城镇居民	农村居民
1995	1.61	1.34	0.28	2007	1.87	1.38	0.49
1996	0.93	0.80	0.12	2008	1.02	0.44	0.58
1997	1.40	0.54	0.86	2009	1.28	1.13	0.15
1998	0.75	−0.10	0.85	2010	1.94	1.76	0.18
1999	1.12	0.59	0.53	2011	4.78	3.84	0.94
2000	0.82	1.16	−0.34	2012	2.01	1.70	0.31
2001	0.76	0.91	−0.15	2013	2.59	2.19	0.40
2002	0.72	0.40	0.32	2014	1.90	1.66	0.24
2003	−0.82	−0.84	0.01	2015	1.60	1.40	0.20
2004	2.20	1.66	0.54	2016	1.95	1.74	0.21
2005	0.88	0.46	0.43	2017	2.14	1.85	0.29
2006	1.29	1.04	0.25				

数据来源：根据历年《中国统计年鉴》和《中国旅游统计年鉴》中的相关数据计算得到。

由表 4-3 可知，1995—2017 年间，国内旅游消费对消费的平均拉动力增长了 1.51 个百分点，其中城镇居民为 1.18%，农村居民为 0.33%，也就是说，在居民消费的增长率中，只有 1.51 个百分点是由国内旅游消费引起的，而其中的 1.18 个百分点是城镇居民国内旅游消费引起的，0.33 个百分点是农村居民国内旅游消费引起的。旅游消费对消费的拉动程度与对消费的贡献率的发展变化趋势有类似特征。

总体来看，现阶段我国国内旅游消费对消费的贡献和拉动还偏小，农村居民国内旅游消费对消费的贡献和拉动要小于城镇居民国内旅游消费对消费的贡献和拉动。

第二节 国内旅游消费对居民消费的影响分析

一、研究方法

用联立方程建立模型在 20 世纪五六十年代风行一时。该方法理论优点是对方程内随机误差项与某些解释变量的相关所造成的回归参数估计量的偏倚给予了充分注意与考虑，从而提出工具变量法、两阶段最小二乘法、有限信息极大似然估计法、完全信息极大似然估计法等估计方法。该建模方法用来研究大型复杂宏观经济问题，作政策分析和预测，在实际应用中，由于预测效果并不理想，所以联立方程模型也招致一些批评。疑问主要集中在零约束的假定条件以及对变量进行内生与外生的划分上。为达到可识别的目的就要对变量实行零约束。当模型不可识别时，通常是加入一些额外的不同变量于不同的方程从而满足识别条件。这些新加入的解释能力有时是很弱的。如果变量是非平稳的，则违反了假定条件。这也是造成预测效果不佳的原因之一（马薇，2004；张晓峒，2000）。

1980年Sims首先提出了向量自回归模型（VAR）。VAR模型不以严格的经济理论为依据，而是基于数据的统计性质而建立的模型，它是一种非结构化的多方程模型，在模型的每一个方程中，用内生变量对模型的全部内生变量的滞后项进行回归，能够对多变量的动态关系进行描述。VAR模型的一般表达式为：

$$y_t = A_1 y_{t-1} + \cdots + A_p y_{t-p} + BX_t + \varepsilon_t \tag{4.3}$$

式（4.3）中：y_t是k维内生变量向量，X_t是d维外生变量向量，p是滞后阶数，样本个数为T。$k \times k$维矩阵$A_1, \cdots, A_p$和$k \times d$维矩阵B是要被估计的系数矩阵。ε_t是k维扰动向量，它们相互之间可以同期相关，但不与自己的滞后值相关及不与等式右边的变量相关。

VAR模型不以严格的经济理论为依据。在建模过程中只需明确两件事。一是共有哪些变量是相互有关系的。把有关系的变量包括在VAR模型中，二是确定滞后期，使模型能反映出变量间相互影响的绝大部分。

VAR模型对参数不施加零约束。

VAR模型的解释变量中不包括任何当期变量，所有与联立方程模型有关的问题在VAR模型中都不存在。

VAR模型另一个特点是有相当多的参数需要估计。当样本容量较小时，多数的参数估计值很差。VAR模型可通过假设检验提出那些零约束参数所对应的变量，缩小模型规模。

建立VAR模型过程中一个重要的问题就是滞后阶数的确定。在选择滞后阶数p时，一方面想使滞后数足够大，以便能完整反映所构造模型的动态特征。但是另一方面，滞后数越大，需要估计的参数也就越多，模型的自由度就减少。所以通常进行选择时，需要综合考虑，既要有足够数目的滞后项，又要有足够数目的自由度。本文根据AIC（Akaike Information Criterion，AIC）和SC（Schwarz Criterion，SC）信息准则最小化并结合似然比LR（Likelihoodratio，LR）检验来确定滞后阶数。

确定了最优滞后期后,还需要对模型的稳定性进行检验,是进行脉冲响应分析和方差分解的前提。如果被估计的模型中所有单位根的倒数小于1,即位于单位圆内,表示模型是稳定的。如果单位根倒数大于1,在单位圆外,说明模型不稳定。

由于 VAR 模型是一种非理论性模型,无须对变量做任何先验性约束,因此对模型中得到的参数估计值往往难以解释,所以在实际应用中,往往不分析一个变量的变化对另一个变量的影响如何,而是分析当一个随机误差项发生变化时,或者一个变量受到某种冲击时对系统的动态影响,即用于衡量来自随机扰动项的一个标准差大小的冲击对内生变量当期值和未来值的影响,这就是脉冲相应分析。一般利用 Sim (1980) 所提出的 Choleski 分解方法进行计算。然而,Choleski 分解法的估计结果严重地依赖于 VAR 系统中各个变量的排序关系,因此本文运用广义脉冲响应技术法来进行分析。

脉冲响应函数描述的是 VAR 模型中的一个内生变量的冲击给其他内生变量所带来的影响,并不能反映各变量反应程度的大小。而方差分解是通过分析内生变量的冲击对内生变量变化(通常用方差度量)贡献度,评价不同内生变量冲击的重要性。因此,方差分析给出对于每一个 VAR 模型中的变量产生的每个随机项的相对重要的信息。

二、变量选取与数据来源

为了表达方便,本书中 UC 为城镇居民消费,UTC 为城镇居民旅游消费,RC 为农村居民消费,RTC 为农村居民旅游消费,C 为居民消费,TC 为国内旅游消费。居民消费和旅游消费的数据为人均数据,样本期为 1994—2017 年,文中所用的居民消费和旅游消费的数据来自《中国统计年鉴》和《中国旅游统计年鉴》。为了消除价格波动影响,对城乡居民的消费数据使用城乡居民消费价格指数(1994年为基期)进行了处理。同时,为了避免"伪回归"和保障研究结论的稳健性,对数据进行了对数化处理。数据的计量经济分析运用 Eviews 软件完成。

三、国内旅游消费对居民消费的影响分析

(一)单位根检验

由于各经济变量均为时间序列,为了防止"伪回归"现象,首先应进行变量的平稳性检验,本文采用 ADF 检验方法,滞后阶数采用 SIC 最小准则来确定,检验结果见表 4-4。

表 4-4 变量的单位根检验结果

变量	ADF 值	1% 临界值	5% 临界值	10% 临界值	结论
UC	−2.4144	−4.7283	−3.7597	−3.3249	非平稳
D（UC）	−4.7548	−3.8867	−3.0521	−2.6665	平稳
UTC	−3.1482	−4.5715	−3.6908	−3.2869	非平稳
D（UTC）	−3.7336	−3.9203	−3.0655	−2.6734	平稳
RC	−0.8526	−4.5715	−3.6908	−3.2869	非平稳
D（RC）	−2.8254	−3.8867	−3.0521	−2.6665	平稳
RTC	−1.7700	−3.8573	−3.0403	−2.6605	非平稳
D（RTC）	−2.9668	−3.8867	−3.0521	−2.6665	平稳
C	−2.7664	−4.7283	−3.7597	−3.3249	非平稳
D（C）	−3.6265	−3.8867	−3.0521	−2.6665	平稳
TC	−2.0093	−4.5715	−3.6908	−3.2869	非平稳
D（TC）	−2.8127	−3.8867	−3.0521	−2.6665	平稳

由表 4-4 可知，居民消费、旅游消费的原序列都是不平稳的，而一阶差分序列为平稳序列，满足建立向量自回归模型和协整检验的条件。

（二）协整检验

经过多次回归结果的比较，城镇居民旅游消费和消费间的向量自回归模型的最优滞后期为 2 期，农村居民 VAR 模型最优滞后期为 3 期，居民 VAR 模型最优滞后期为 2 期，三个模型中所有单位根的倒数小于 1，均位于单位圆内，表示模型是稳定的。JJ 协整检验结果见表 4-5。

表 4-5 国内旅游消费和居民消费的 JJ 协整检验结果

类别	原假设	特征值	迹统计值	5% 临界值	概率
城镇居民	没有协整关系 *	0.6643	21.1535	15.4947	0.0063
	至少一个协整关系	0.1416	2.5956	3.8414	0.1072
农村居民	没有协整关系	0.4985	11.7358	14.2646	0.1210
	至少一个协整关系 *	0.3507	7.3439	3.8414	0.0067
居民	没有协整关系	0.5428	22.9759	15.4947	0.0031
	至少一个协整关系 *	0.4337	9.6692	3.8414	0.0019

由表 4-5 可知，城镇居民旅游消费和消费间存在一个协整关系，农村居民旅游消

费和消费间、整体居民旅游消费和消费间均存在至少一个协整关系，协整方程如下：

LOG（UC）= –3.8754 + 1.9813*LOG（UTC） (4.4)

LOG（RC）= 3.9904 + 0.7233*LOG（RTC） (4.5)

LOG（C）= –0.6794 + 1.5243*LOG（TC） (4.6)

由方程（4.4）可知，城镇居民旅游消费与消费间存在正向关系，即城镇居民旅游消费促进了城镇居民消费，城镇居民旅游消费每增加一个百分点，城镇居民消费将增加1.9813百分点。由方程（4.5）可知，农村居民旅游消费与消费间同样存在正向关系，其回归系数为0.7233，小于城镇居民。也就是说，城镇居民旅游消费对消费的促进作用要大于农村居民旅游消费对消费的促进作用。从居民整体角度看，由方程（4.6）可知，居民旅游消费与消费间存在着长期正向均衡关系，居民旅游消费每增加一个百分点，居民消费将增加1.5243个百分点，居民旅游消费对消费具有很大的促进作用。

（三）国内旅游消费对居民消费的脉冲响应和方差分解分析

由于VAR模型是一种非理论性模型，无须对变量做任何先验性约束，因此对模型中得到的参数估计值往往难以解释，所以在实际应用中，往往不分析一个变量的变化对另一个变量的影响如何，而是分析当一个随机误差项发生变化时，或者一个变量受到某种冲击时对系统的动态影响，即用于衡量来自随机扰动项的一个标准差大小的冲击对内生变量当期值和未来值得影响。本文运用广义脉冲响应技术法来进行分析。根据相关指标的比较，本文将城镇居民函数的追踪期设定为20期，农村居民和整体居民的设定为10期。图4-1、图4-2和图4-3分别为我国城镇居民、农村居民和整体居民旅游消费对消费的脉冲响应分析图。

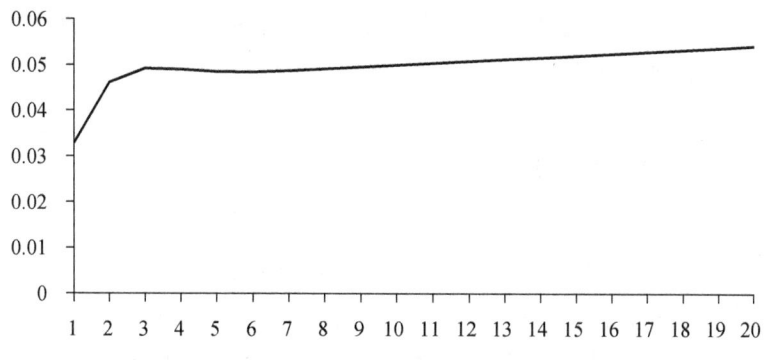

图4-1　城镇居民旅游消费对消费的脉冲响应

图4-1反映了城镇居民旅游消费对城镇居民消费的一个标准差信息的冲击后所产生的脉冲响应函数图。当给城镇居民旅游消费一个冲击后，在响应期间旅游消费对消

费始终存在一个正向的响应,且这种相应逐渐累积和增强,表明随着城镇居民旅游消费水平的提高,城镇居民的消费水平也会逐渐增加,也就意味着旅游消费对消费有很大的促进作用,在今后的拉动内需方面将发挥重要作用。

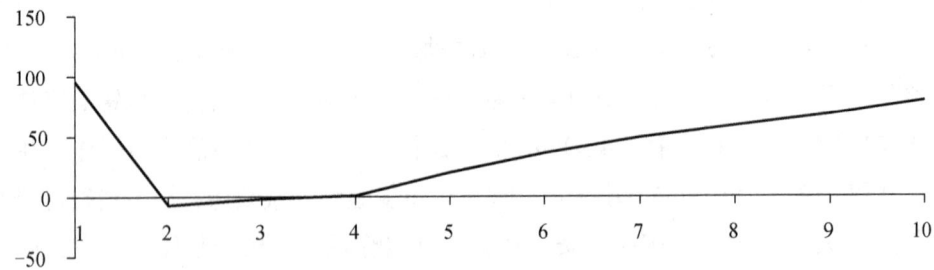

图 4-2　农村居民旅游消费对消费的脉冲响应

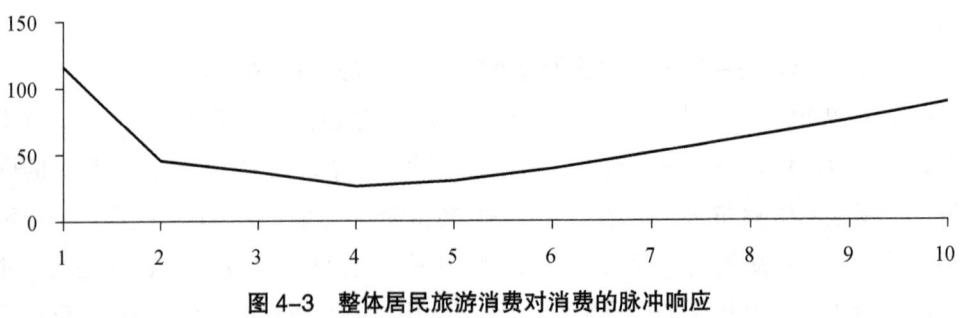

图 4-3　整体居民旅游消费对消费的脉冲响应

由图 4-2 和图 4-3 可知,农村居民旅游消费和整体居民旅游消费的脉冲响应路径呈现大体相同的变化趋势,均是经过两个时期的调整后,脉冲响应发展趋势平稳,为正向,但上升的趋势不明显。脉冲响应趋势表明,随着农村居民旅游消费水平的提高,农村居民的消费水平也会逐渐增加,但增加的幅幅不是很明显,拉动作用不是太强。由于农村居民的影响,导致整体居民的旅游消费对消费的未来影响虽然为正,但增加趋势不是很明显。因此,今后如何发挥农村旅游消费对消费的促进作用,进而带动整体居民消费水平的提升显得非常重要。

脉冲响应函数描述的是 VAR 模型中一个内生变量的冲击给其他内生变量所带来的影响,并不能反映各变量反应程度大小。而方差分解是通过分析内生变量冲击对内生变量变化(通常用方差度量)贡献度,评价不同内生变量冲击的重要性。因此,方差分析给出对于 VAR 模型中每一个变量产生的每个随机项的相对重要的信息。表 4-6、表 4-7 给出了城镇居民、农村居民和整体居民的消费方差分解表。

表 4-6　城镇居民消费的方差分解

时期	标准差	UC	UTC	时期	标准差	UC	UTC
1	0.0235	85.6662	14.3337	11	0.1491	79.6575	20.3424
2	0.0401	84.3576	15.6423	12	0.1615	79.5624	20.4375
3	0.0543	82.9600	17.0399	13	0.1744	79.4846	20.5153
4	0.0672	81.9359	18.0640	14	0.1877	79.4202	20.5797
5	0.0792	81.2237	18.7762	15	0.2016	79.3663	20.6336
6	0.0908	80.7282	19.2717	16	0.2160	79.3208	20.6791
7	0.1022	80.3762	19.6237	17	0.2311	79.2821	20.7178
8	0.1137	80.1189	19.8810	18	0.2470	79.2490	20.7509
9	0.1252	79.9253	20.0746	19	0.2635	79.2205	20.7795
10	0.1370	79.7757	20.2242	20	0.2809	79.1958	20.8041

由表 4-6 可知，在 20 期内，对城镇居民消费贡献率最大的是自身因素的变化，但其自身贡献率呈现逐年递减趋势，第 8 期之前贡献率在 80% 以上，第 9 期之后在 79% 左右，第 20 期为 79.1958%，仍然起主要作用。旅游消费对消费变化的贡献率呈现不断上升的趋势，由第 1 期的 14.3337% 上升到第 20 期的 20.8041%，也从另一侧面证实了城镇居民旅游消费对消费的正向持久的影响。

表 4-7　农村居民和居民消费的方差分解

时期	标准差	RC	RTC	标准差	C	TC
1	164.9043	100.0000	0.0000	210.9665	100.0000	0.0000
2	239.5086	80.4335	19.5664	286.5293	94.7518	5.2481
3	336.8088	73.1863	26.8136	392.1650	88.5435	11.4564
4	440.0488	70.5408	29.4591	510.4911	83.7236	16.2763
5	553.1478	71.0888	28.9111	643.4592	81.0806	18.9193
6	680.0209	72.3417	27.6582	790.4794	79.7974	20.2025
7	827.1156	73.5033	26.4966	954.8868	79.2557	20.7442
8	1000.9340	74.2807	25.7192	1141.2220	79.0471	20.9528
9	1208.3930	74.7128	25.2872	1355.0410	78.9645	21.0354
10	1456.8420	74.9236	25.0763	1602.4850	78.9170	21.0829

由表 4-7 可知，对农村居民消费贡献率最大的是自身因素的变化，但其自身贡献率在 5 期之前呈递减的趋势，6 期开始呈现递增的趋势，第 10 期贡献率达到

74.9236%，仍然起主导作用。而旅游消费对消费变化的贡献率呈现先升后降的趋势，第 4 期之前是上升的，第 5 期之后开始下降，到第 10 期时为 25.0763%，表明农村居民旅游消费对消费的贡献率在减弱。

从全体居民角度看，在观察期内，对居民消费贡献率最大的仍然是自身因素，但其贡献率在逐渐下降，第 10 期时降为 78.917%。居民旅游消费对消费的贡献率呈逐渐上升的趋势，且幅度较大，由第 2 期的 5.2481% 上升到第 10 期的 21.0829%，表明在未来一段时期内，旅游消费对消费的促进作用在逐步增强，这也是城镇居民和农村居民综合作用的结果，城镇居民旅游消费对消费的影响在起主导作用。

通过以上分析可知，居民旅游消费对消费具有明显的促进作用，未来仍将对消费产生持久的影响，城镇居民旅游消费对消费的促进作用和未来的影响要大于农村居民。

从居民家庭收入情况看，1994—2017 年间，我国城镇居民家庭人均可支配收入年均增长 10.7%，农村居民家庭人均纯收入年均增长 10.9%，2017 年城镇居民家庭人均可支配收入为 36 396.2 元，农村居民家庭人均纯收入为 13 432.4 元，城镇是农村的 2.71 倍。2017 年城镇居民家庭平均每人全部年收入中工资性收入占了 61%，而农村居民家庭平均每人全部年收入中，工资性收入只占 41%。同时，来自政府的转移性收入农村居民要明显少于城镇居民，2017 年城镇居民转移净收入为 6523.6 元，而农村居民为 2603.2 元。可见，城镇居民家庭的工资性收入明显高于农村居民家庭的收入比例，城镇居民家庭的收入来源稳定、有保证，而农村居民家庭收入的不确定性较大。另外，城镇居民的社会保障体系完善，而大部分农村居民游离于社会保障系统外，又增加了农民的不确定性，而农民对收入的不确定感越强烈，储蓄动机就越强，近年来，农村储蓄率持续攀高，反映了农村居民对收入未来预期存在着较大的不确定性，由此产生的预防性储蓄动机显著地减少了当前消费，而作为较高层次的旅游消费则更为谨慎。因此，即使农村居民收入水平提高，如果农村社会保障制度仍不健全，将进一步增强消费的不确定性，其对农村居民旅游消费产生的消极影响将抵消因收入增加而带来的积极影响，农村居民旅游消费水平将可能停滞不前甚至倒退，会进一步阻碍消费水平的提升。

从居民家庭支出情况看，目前农村居民家庭收入中用于食品支出的比例仍高于城镇居民，也就意味着用于旅游等非食品支出的比例小于城镇居民。我国城镇居民恩格尔系数 2017 年为 29.3%，农村居民为 32.2%，比城镇居民高了将近 3 个百分点。我国城镇居民平均每人现金消费支出 2017 年为 19 284.1 元，农村居民为 8127.3 元。城镇居民人均旅游消费支出 2017 年为 1009.1 元，农村居民为 576.4 元。虽然农村居民无论是现金消费支出还是旅游消费支出增长的速度要快于城镇居民的增长速度，但基数明显小于城镇居民，表明农村居民的旅游消费和消费仍处于低水平阶段。

因此，由于农村居民收入的不确定性大，社会保证体系不健全以及传统谨慎的消费观念,致使目前农村居民的旅游消费水平低,层次低,高层次的娱乐、购物、休闲等项目消费较少,未能很好地促进消费水平的提升。相反,城镇居民由于收入的稳定性和社会保障体系的完善和健全,以及消费观念的迅速转变和提升,旅游消费逐渐转向高层次的休闲度假、健康旅游等项目,其旅游消费水平要高于农村居民,并且也提升了城镇居民的消费水平。

第三节 旅游消费结构对居民消费的影响

一、旅游消费结构指数

在旅游消费结构中,把餐饮、住宿、交通、游览4项消费看成是旅游的基本消费,将购物、娱乐和其他3项消费看成是非基本消费。以非基本消费与基本消费的比值作为旅游消费结构指数,可以反映一个国家(或地区)旅游业发展的成熟化程度以及旅游消费结构的高级化程度,计算公式如下:

旅游消费结构指数 = 非基本消费 / 基本消费 × 100%　　　　　　　　　(4.7)

在公式(4.7)中,旅游消费结构指数越大,说明购物和娱乐等非基本消费在旅游消费中所占比例越高,该地区旅游业发展的水平较高,旅游消费结构相对合理。相反,如果旅游消费结构指数越低,说明旅游购物和娱乐业没有发展起来,交通和门票在旅游花费中所占比例高,该地区旅游业发展相对滞后,还处于比较低级的阶段。

根据公式(4.7),利用第三章中我国城镇和农村居民旅游消费结构的数据资料,计算了我国城镇和农村居民历年的旅游消费结构指数,计算结果见表4-8和表4-9。

表4-8 城镇居民旅游消费结构指数

单位:%

年份	旅游消费结构指数	年份	旅游消费结构指数	年份	旅游消费结构指数
1996	33.2	2003	47.9	2010	74.5
1997	45.1	2004	44.3	2011	36.7
1998	40.1	2005	48.8	2012	35.3
1999	47.6	2006	53.6	2013	28.7
2000	38.4	2007	63.1	2014	23.4
2001	39.7	2008	75.0	2015	27.7
2002	50.5	2009	80.2	2016	18.8

数据来源:根据本书中的数据资料计算得到。

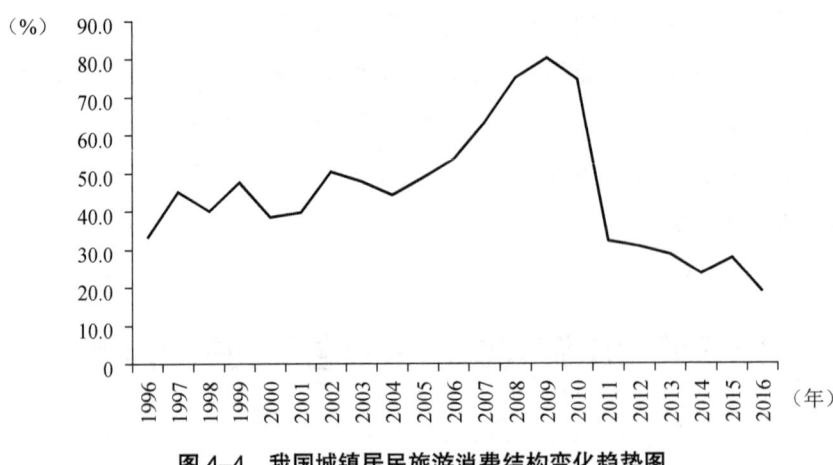

图 4-4 我国城镇居民旅游消费结构变化趋势图

由表 4-8 和图 4-4 可知，城镇居民旅游消费结构指数呈现先上升后下降的趋势，2009 年时达到最高值，为 80.2%，比 1996 年的 33.2% 增加了近 50 个百分点。但从 2010 年以后又开始下降，到 2016 年时仅为 18.8%。从数值上看，旅游消费结构指数还没有超过 1，表明非基本消费还没有超过基本消费，反映出城镇居民在购物、娱乐等方面的花费不仅呈下降趋势而且还较低。

表 4-9 农村居民旅游消费结构指数

单位：%

年份	旅游消费结构指数	年份	旅游消费结构指数
2000	70.6	2009	194.1
2001	74.5	2010	203.0
2002	83.3	2011	53.6
2003	105.1	2012	44.0
2004	95.1	2013	40.8
2005	107.5	2014	37.2
2006	90.3	2015	38.3
2007	102.4	2016	27.9
2008	122.9		

数据来源：根据本书中的数据资料计算得到。

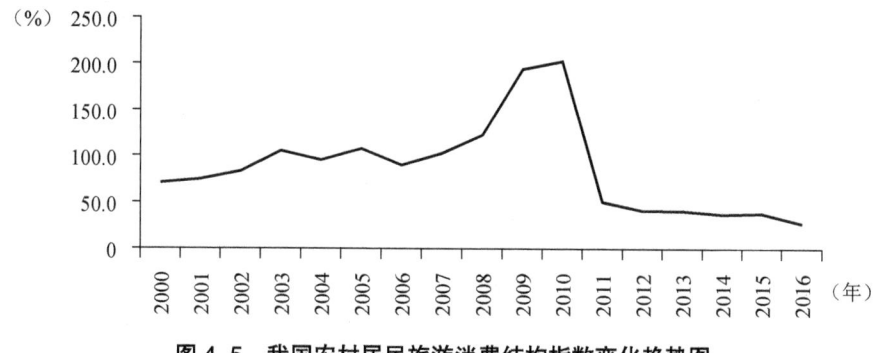

图 4-5 我国农村居民旅游消费结构指数变化趋势图

由表 4-9 和图 4-5 可知，我国农村居民旅游消费结构指数同样呈现先升后降的趋势，2010 年达到峰值 203.0%，之后开始下降，2016 年达到最低，为 27.9%。不过，农村居民旅游消费结构指数的数值明显要高于城镇居民，2007—2010 年结构指数都超过 1，表明农村居民旅游消费结构非基本消费的比重已经超过了基本消费。或者说购物、娱乐等方面的支出大于交通、游览和住宿等基本消费方面的支出。但是由于农村居民非基本消费中以购物为主，而他们的购物不是游览时的购物，主要是馈赠亲朋的购物，因此，也不能表明农村居民旅游消费结构比农村居民旅游消费结构更合理，更高级化或者已经处于较高的发展阶段。

二、旅游消费结构对居民消费的贡献率

旅游消费可以直接促进居民消费，旅游消费结构的变化也可以促进消费。本部分利用贡献率指标来分析旅游消费结构对居民消费的贡献情况。考虑到数据的可比性，对旅游消费结构和居民消费的数据运用居民消费价格指数进行了处理。数据来源于《中国国内旅游抽样调查资料》《中国统计年鉴》。以下是城镇和农村居民旅游消费结构对居民消费的贡献率。

（一）城镇居民旅游消费结构对居民消费的贡献率

表 4-10 城镇居民旅游消费结构对居民消费的贡献率

单位：%

年份	交通	住宿	餐饮	游览	购物	娱乐	电信
1997	-4.05	-6.36	-6.49	0.00	0.55	-0.76	-0.24
1998	-3.25	5.10	1.99	0.80	-1.75	0.66	0.00
1999	0.07	-5.54	-3.58	2.20	1.52	0.88	-0.20
2000	0.36	2.76	3.39	1.82	-2.76	0.36	0.29

续表

年份	交通	住宿	餐饮	游览	购物	娱乐	电信
2001	−1.06	−1.86	−2.19	−0.45	−1.86	−0.35	−0.03
2002	−8.25	−1.45	0.95	0.95	5.57	1.05	−0.18
2003	−1.22	−0.98	−0.33	−0.03	−1.06	−0.28	0.07
2004	2.03	0.83	−0.08	0.47	−1.20	0.01	−0.05
2005	−2.38	−1.09	−0.38	−0.40	0.75	0.09	0.15
2006	1.60	−0.53	0.45	−0.02	0.66	−0.08	0.04
2007	0.24	0.48	0.19	0.18	1.03	0.07	−0.01
2008	−2.13	−1.21	0.83	−0.72	2.50	0.26	0.16
2009	−0.96	−0.83	−0.57	−0.14	0.30	−0.20	−0.09
2010	0.41	0.38	0.22	0.41	−0.18	−0.12	−0.07
2011	7.95	3.81	4.70	0.35	2.39	0.40	0.21
2012	9.15	4.17	9.19	1.73	5.84	0.78	0.31
2013	0.70	−0.27	1.14	−0.03	−0.40	—	—
2014	2.55	−0.60	1.75	−0.37	2.87	—	—
2015	0.79	1.29	1.38	−0.11	2.59	—	—
2016	3.72	2.06	0.92	0.63	−4.31	—	—

数据来源：根据《中国统计年鉴》和《国内旅游抽样调查资料》中的数据计算得到。2013年之后，《国内旅游抽样调查资料》中旅游消费结构数据进行了调整，没有娱乐和电信。

由表4-10可知，表中的数值为负数部分表明旅游消费结构中的某项为负增长。不论是从时间发展趋势看旅游消费结构中的各项，还是旅游消费结构中每一项的发展变化趋势，城镇居民旅游消费结构对居民消费的贡献率都不是很理想，部分年份旅游消费结构对消费的贡献率是负数，或者说，旅游消费结构中的各个组成部分没有增长。例如，2001年、2003年和2009年旅游消费结构中各项对居民消费的贡献率全部为负数，有可能受到一些突发事件的影响，致使各个旅游项目均受到了影响。只有2011年和2012年旅游消费结构中各个组成部分对旅游消费的贡献率为正数，一方面表明旅游消费结构中各项发展得比较好，另一方面也表明旅游消费结构对居民消费的贡献率在逐步增加。从这两年的数据来看，对居民消费贡献率较大的交通，其次是餐饮、住宿、购物、游览、娱乐和电信。可见，对居民消费贡献的仍然是基本消费部分，而非基本消费部分的贡献仍然较小。这也是今后政策制定中需要考虑的问题。

（二）农村居民旅游消费结构对居民消费的贡献率

表 4-11 农村居民旅游消费结构对居民消费的贡献率

单位：%

年份	交通	住宿	餐饮	游览	购物	娱乐	电信
2001	-23.49	-12.29	-12.20	3.58	-0.46	-5.78	-10.55
2002	18.17	-12.47	-12.69	-4.73	-4.84	-1.61	0.65
2003	-26.10	-16.59	-8.54	-9.51	52.93	1.71	2.93
2004	2.69	0.97	0.93	1.25	-8.47	0.46	0.23
2005	4.97	0.59	-0.27	-0.03	5.38	-0.09	0.30
2006	5.73	-0.20	0.31	-0.44	-2.29	0.14	0.92
2007	2.44	0.15	0.58	0.25	6.15	0.18	0.65
2008	-18.39	-2.56	-4.73	-2.18	-11.57	-0.56	-1.61
2009	-17.06	-6.22	-6.26	-1.53	2.21	-0.38	-0.88
2010	0.54	0.20	0.28	-0.06	1.36	-0.06	0.04
2011	9.11	4.70	8.96	1.91	3.15	0.25	0.25
2012	1.72	1.07	4.74	-0.16	-1.77	0.05	0.05
2013	9.16	5.79	7.84	1.54	5.43	—	—
2014	10.09	7.44	9.18	1.85	6.68	—	—
2015	-0.27	0.16	0.24	0.21	0.07	—	—
2016	0.48	0.68	-0.25	0.65	-3.91	—	—

数据来源：根据《中国统计年鉴》和《国内旅游抽样调查资料》中的数据计算得到。2013 年之后，《国内旅游抽样调查资料》中旅游消费结构数据进行了调整，没有娱乐和电信。

由表 4-11 可知，农村居民旅游消费结构对居民消费的贡献率表现出与城镇居民旅游消费结构不太一样的特征。从时间发展趋势上看，2007 年和 2011 年的贡献率均为正值，而 2008 年和 2009 年的贡献率全为负值，其余年份正负参半，但贡献率为负值的数量要少于城镇居民。表明农村居民旅游消费结构对居民消费的贡献率要好于城镇居民，另一方面还反映出经济危机时农村居民旅游消费结构中的各项受经济危机影响比较大而且深远。2011 年和 2012 年贡献率的数值基本为正数，但是数值偏小。整体上看，购物对居民消费的贡献较大，其次是交通、餐饮、住宿，而娱乐、电信和游览的贡献率较小。

三、旅游消费结构对居民消费的弹性系数

弹性分析是经济学中重要的分析工具。弹性是指在两个相互联系的经济变量之间，一个变量的增长率相对另一个变量增长率的比值。计算公式为：

$$E=(\Delta Y/Y)/(\Delta X/X) \tag{4.8}$$

式（4.8）中，$\Delta Y/Y$ 为居民消费的增长率，$\Delta X/X$ 为旅游消费的增长率。当弹性系数 $E\geqslant 1$ 时，说明居民消费的增长率高于旅游消费的增长率；相反，当弹性系数 $E<1$ 时，居民消费的增长率低于旅游消费的增长率。通过分析旅游消费与居民消费的相对比率，以此判断旅游消费对拉动居民消费的贡献。

（一）城镇居民旅游消费结构对居民消费的弹性系数

表4-12 城镇居民旅游消费结构对居民消费弹性系数

年份	交通	住宿	餐饮	游览	购物	娱乐	电信
1997	-1.03	-0.29	-0.33	—	3.45	-0.28	-0.34
1998	-1.15	0.28	0.85	0.67	-1.05	0.24	—
1999	50.00	-0.29	-0.48	0.25	1.10	0.21	-0.31
2000	9.09	0.47	0.43	0.35	-0.61	0.60	0.17
2001	-2.94	-0.74	-0.73	-1.56	-0.74	-0.64	-2.04
2002	-0.35	-0.86	1.52	0.69	0.22	0.19	-0.33
2003	-1.96	-1.15	-4.35	-20.00	-1.35	-0.85	0.73
2004	1.06	1.18	-16.67	1.32	-1.04	16.67	-1.11
2005	-0.90	-0.88	-3.03	-1.52	1.35	2.08	0.29
2006	1.14	-1.56	2.33	-25.00	1.52	-2.27	1.28
2007	7.14	1.45	5.26	2.70	0.94	2.08	-3.70
2008	-0.75	-0.55	1.08	-0.62	0.39	0.55	0.25
2009	-1.23	-0.54	-1.56	-2.33	3.70	-0.78	-0.63
2010	2.44	0.90	3.45	0.68	-6.25	-1.02	-0.64
2011	0.12	0.09	0.15	0.82	0.40	0.25	0.15
2012	0.21	0.19	0.14	0.17	0.20	0.18	0.18
2013	0.31	-0.27	0.64	-0.08	-0.28	—	—
2014	1.19	-0.68	1.02	-1.07	2.32	—	—
2015	0.38	1.28	0.80	-0.27	2.33	—	—
2016	1.85	2.01	0.55	1.74	-3.52	—	—

数据来源：根据《中国统计年鉴》和《国内旅游抽样调查资料》中的数据计算得到。2013年之后，《国内旅游抽样调查资料》中旅游消费结构数据进行了调整，没有娱乐和电信。

由表4-12可知，除去弹性系数为负数年份外，交通和购物的弹性系数大于1的年份较多，而其他项目对居民消费的弹性系数小于1的年份较多，表明住宿、餐饮、游览等项目的增长速度小于居民消费增长速度，或者说这些项目每增加一个百分点，所带动居民消费增长的百分点小于1。从2011年和2012年看，弹性系数减少得较快，表明旅游消费结构中的各项对居民消费的带动作用有所减弱，而从2014年开始，各项弹性系数呈现上升趋势。因此，今后如何调整城镇居民的旅游消费结构，更好地促进居民消费应是亟待解决的问题。

（二）农村居民旅游消费对居民消费的弹性系数

表4-13　农村居民旅游消费结构对居民消费的弹性系数

年份	交通	住宿	餐饮	游览	购物	娱乐	电信
2001	−0.39	−0.28	−0.40	0.02	−16.67	−0.12	−0.09
2002	0.41	−0.21	−0.31	−0.31	−1.54	−0.20	0.42
2003	−0.30	−0.11	−0.37	−0.37	0.13	0.14	0.10
2004	2.70	1.59	3.13	3.13	−0.92	0.56	1.45
2005	1.37	2.50	−10.00	−10.00	1.16	−3.13	1.11
2006	1.15	−6.67	7.69	7.69	−2.70	1.69	0.35
2007	2.63	8.33	3.70	3.70	0.86	1.27	0.58
2008	−0.33	−0.42	−0.42	−0.42	−0.47	−0.39	−0.26
2009	−0.15	−0.09	−0.16	−0.16	1.35	−0.28	−0.15
2010	2.44	0.69	2.04	2.04	2.17	−1.37	1.75
2011	0.14	0.03	0.06	0.06	0.88	0.25	0.25
2012	1.64	0.99	0.47	0.47	−1.61	2.13	2.13
2013	7.36	11.86	6.88	7.94	4.93	—	—
2014	4.99	7.38	5.11	5.68	4.38	—	—
2015	−0.20	0.33	0.20	1.04	0.07	—	—
2016	0.38	1.43	−0.22	3.15	−3.76	—	—

数据来源：根据《中国统计年鉴》和《国内旅游抽样调查资料》中的数据计算得到。

由表4-13可知，表格中的负数主要是由于旅游消费结构的各项的增长率为负数造成的，或者说旅游消费结构中的各项与居民消费的发展方向相反，居民消费在增长，而旅游消费结构中的各项却在下降。表格中的正数反映了旅游消费结构中各项的增长引起的居民消费的增长情况，从数值上来看，大于1的数量相对较多，表明交通、住宿、餐饮、购物等的增长带动了居民消费更快地增长。另外，2008年和2009年弹性系数均为负数，表明了旅游消费结构中的各项受经济危机的影响比较大，抗外界冲击能力较弱。2012年的弹性系数要普遍高于2011年，2013年和2014年的所有弹性系数均为正值且数值较高，2013年达到最高值，2014年开始有所下降，2015年开始明显低于

2014年的弹性系数，表明农村居民旅游消费结构对居民消费的带动作用在增强。

四、城镇居民旅游消费结构对居民消费的影响

为了分析居民旅游消费结构对居民消费的长期影响和依存关系，本书利用计量经济学模型分析了旅游消费结构与居民消费间的长期均衡关系以及旅游消费结构对居民消费的影响程度。由于农村居民旅游消费结构数据时间序列较短，回归结果不是很理想，因此，只分析了城镇居民旅游消费结构对居民消费的影响。其中城镇居民消费为因变量，城镇居民旅游消费结构中选择了交通、住宿、餐饮、游览、购物、娱乐和通信7个项目作为自变量分别分析对居民消费的影响，这7个项目的数据以及居民消费的数据均来源于《中国国内旅游抽样调查资料》和《中国统计年鉴》。样本期为1997—2016年。为了保证数据的平稳性和稳健性，对每个变量取对数，并且在进行回归之前对变量需进行单位根检验，检验结果见表4-14。

表4-14 变量的单位根检验结果

变量		ADF值	1%临界值	5%临界值	10%临界值	结论
餐饮	原序列	-3.0136	-4.2001	-3.1754	-2.7290	非平稳
	一阶差分	-4.0508	-4.4206	-3.2598	-2.7711	平稳
购物	原序列	-2.9504	-4.1220	-3.1449	-2.7138	非平稳
	一阶差分	-3.5994	-2.8473	-1.9882	-1.6001	平稳
居民	原序列	0.7363	-5.2954	-4.0082	-3.4608	非平稳
	一阶差分	3.4455	-2.8473	-1.9882	-1.6001	平稳
交通	原序列	-3.0352	-5.2954	-4.0082	-3.4608	非平稳
	一阶差分	-3.9657	-4.4206	-3.2598	-2.7711	平稳
邮电	原序列	-2.4485	-5.1249	-3.9334	-3.4200	非平稳
	一阶差分	-4.2791	-4.2001	-3.1754	-2.7290	平稳
娱乐	原序列	-2.7456	-5.1249	-3.9334	-3.4200	非平稳
	一阶差分	-4.0820	-4.2001	-3.1754	-2.7290	平稳
住宿	原序列	-3.3522	-5.1249	-3.9334	-3.4200	非平稳
	一阶差分	-3.2141	-4.2971	-3.2127	-2.7477	平稳
游览	原序列	-1.7868	-4.1220	-3.1449	-2.7138	非平稳
	一阶差分	-3.0999	-2.8473	-1.9882	-1.6001	平稳

由表4-14可知，变量的单位根检验结果表明，各变量均为一阶单整，符合协整检验的前提条件，旅游消费结构中7个组成部分与居民消费的回归结果见表4-15。

表 4–15　城镇居民旅游消费结构与居民消费的回归结果

变量	常数项	回归系数
交通	6.7654（3.777）	0.4511（2.3479）
住宿	8.1618（5.9161）	0.2267（2.7374）
餐饮	8.1618（5.2696）	0.7757（3.6095）
游览	4.6561（3.7559）	1.1748（3.6534）
购物	4.3215（5.1641）	1.0084（5.8119）
娱乐	6.1369（12.3617）	1.0791（6.1636）
邮电	7.7544（32.1175）	0.8633（6.0679）

注：表中括号中的数字为 t 值。

由表 4-15 可知，各变量的显著性检验通过，而且各个变量与居民消费的回归方程的残差序列均为平稳序列，因此，这 7 个变量与居民消费间均具有协整关系，即长期均衡关系。而且回归系数均是正值，即旅游消费结构中的各项均与居民消费是正相关，都促进了居民消费，只是其作用的程度不同，其中游览的回归系数最大，为 1.1748，其次是娱乐、购物、邮电、餐饮、交通和住宿。从各个回归系数可以看出，旅游消费结构中基本消费对居民消费影响较小，而非基本消费对居民消费影响较大。从回归数值上看，非基本消费的回归系数大部分超过了 1，而基本消费的大部分在 1 以下。可见，还是非基本消费对居民消费的促进作用要大些。虽然目前城镇居民旅游消费结构中基本消费所占的比重和数值较大，但对居民消费的影响较小，而非基本消费所占比重较小，但对居民消费的促进作用较大。因此，今后为了提高居民消费水平，应努力增加非基本消费的比重，制定相应的政策促进购物、娱乐和邮电等项目的发展。

第四节　本章小结

本章主要运用一些统计指标和计量经济学模型，从居民总体、城镇和农村居民的角度，分析了国内旅游消费以及旅游消费结构对居民消费的贡献、长期均衡关系、影响程度以及未来的影响趋势，确立了旅游消费在居民消费中的地位和作用。得出以下主要结论。

第一，从总量角度看，不论是城镇居民还是农村居民，旅游消费在消费中的比重上升很快，已超过 10%，可以看出旅游消费对消费的促进作用在逐步增强。主要是由于旅游消费的增长速度均快于消费的增长速度。

第二，1994—2017年间，居民旅游消费对消费的贡献呈上升趋势，旅游消费对消费的平均贡献率为12.26%，其中城镇居民贡献率为9.23%，农村居民贡献率为3.03%，城镇居民的贡献要大于农村居民的贡献。

第三，运用JJ协整检验模型得出居民旅游消费和消费间存在着长期的均衡关系，居民旅游消费对消费具有很大的促进作用，并且城镇居民的促进作用要大于农村居民。

第四，在整个考察期内，城镇居民旅游消费对消费具有正向、持久的影响，随着城镇居民旅游消费水平的提高，城镇居民消费水平也会逐步提高。农村居民旅游消费对消费的冲击路径为正，但上升趋势不是很明显，从全体居民看，居民旅游消费对消费的未来影响为正。

第五，通过方差分解技术可知，对城镇居民消费贡献率最大的是自身因素的变化，但呈逐渐下降的趋势，而城镇居民旅游消费对消费的贡献率逐年上升，幅度较大。农村居民消费自身的贡献率呈现先升后降的趋势，旅游消费对消费的贡献率则先升后降。综合起来看，居民消费自身的贡献率逐渐下降，而旅游消费的贡献率逐渐上升。进一步证实了旅游消费对消费的促进作用。

第六，城镇居民旅游消费结构指数呈现先上升后下降的趋势，但数值上还没有超过1，表明非基本消费还没有超过基本消费，反映出城镇居民在购物、娱乐等方面的消费还较低。我国农村居民旅游消费结构指数同样呈现先升后降的趋势，不过，农村居民旅游消费结构指数的数值明显要高于城镇居民，2007—2010年结构指数都超过1，表明农村居民旅游消费结构非基本消费的比重已经超过了基本消费或者说购物、娱乐等方面的支出大于交通、游览和住宿等基本消费方面的支出。

第七，城乡居民旅游消费结构对居民消费的贡献率大部分为负值，但农村居民旅游消费结构中负数的数量要少于城镇居民。另一方面，农村居民旅游消费结构中的各项受经济危机的影响比城镇居民要大而且影响深远。城乡居民旅游消费结构对居民消费贡献率较大的仍然是基本消费的项目，非基本消费项目对居民消费的贡献较小。

第八，城镇居民旅游结构中的交通和购物对居民消费的弹性系数除去负数的年份外，大部分年份都大于1，而其他各项对居民消费的弹性系数小于1，表明交通、购物等项目的增长速度快于居民消费的增长速度，而住宿、餐饮、游览等项目的增长速度小于居民消费的增长速度。从2011年和2012年看，弹性系数减少的较快，表明旅游消费结构中的各项对居民消费的带动作用有所减弱。农村居民旅游消费结构中各项对居民消费的弹性系数大于1的数量相对较多，表明交通、住宿、餐饮、购物等的增长带动了居民消费更快地增长。另外，2008年和2009年弹性系数均为负数，表明了旅游消费结构中的各项受经济危机的影响比较大，抗外界冲击能力较弱。从2011年开始，弹性系数呈现上升趋势，表明农村居民旅游消费结构对居民消费的带动作用在增强。

第九，城镇居民旅游消费结构中各项与居民消费的回归结果表明，7个变量与居民消费间均具有长期均衡关系，且回归系数均是正值，即旅游消费结构中的各项均与居民消费是正相关，都促进了居民消费，其中游览的回归系数最大，为1.1748，其次是娱乐、购物、邮电、餐饮、交通和住宿。可见，旅游消费结构中基本消费对居民消费作用较小，而非基本消费对居民消费促进作用较大。今后如何增加非基本消费的比重，制定相应的政策促进购物、娱乐和邮电等项目的发展显得尤为重要。

第五章 国内旅游消费对居民消费影响的区域测度

由于我国地域辽阔,省份众多,各地的自然资源条件、经济和社会发展条件以及旅游资源条件等都存在差异,因此,各地的经济发展水平、居民消费水平以及旅游发展水平也存在着差异性。那么,各个地区的国内旅游消费对居民消费的影响也会存在着差异性,影响程度如何,这些问题是本章要解决的问题。这些问题的解决对于区域旅游经济发展的均衡性和旅游政策的制定会有重要的影响。因此,本章利用贡献率和计量经济学模型分析东中西三大区域国内旅游消费对居民消费的影响程度和贡献程度。本章的东中西区域的划分是按照传统的3大地带划分法进行的,其中东部包括北京、天津、河北、辽宁、上海、浙江、江苏、浙江、福建、广东和海南11个省、自治区和直辖市;中部区域包括山西、吉林、黑龙江、安徽、江西、河南、湖南和胡北8个省份;西部区域包括内蒙古、广西、重庆、四川、云南、贵州、陕西、甘肃、青海、宁夏、新疆11个省、自治区和直辖市,由于西藏统计资料不健全,故没有包括西藏。

第一节 国内旅游消费对居民消费的贡献率

一、国内旅游消费占居民消费的比重

本节通过运用国内旅游消费占居民消费的比重这个指标来反映国内旅游消费在居民消费中的地位。三大区域国内旅游消费占居民消费的比重的计算结果见表5-1和图5-1。

表5-1 我国三大区域国内旅游消费占消费的比重

单位:%

年份	东部	中部	西部
1999	19.2	11.3	11.0
2000	20.4	12.1	12.4

续表

年份	东部	中部	西部
2001	22.0	13.6	14.4
2002	23.5	14.7	15.5
2003	20.4	12.7	14.9
2004	23.8	15.1	17.3
2005	24.4	16.4	18.3
2006	25.1	18.7	20.9
2007	26.1	20.6	22.5
2008	25.4	21.7	21.7
2009	26.8	23.9	23.9
2010	27.6	26.8	26.1
2011	29.0	29.5	27.8
2012	29.5	33.8	30.2
2013	33.7	36.5	37.5
2014	34.4	38.8	41.0
2015	34.8	41.8	46.7
2016	33.9	46.9	55.1
2017	36.1	52.9	64.9

数据来源：根据《中国统计年鉴》和《中国旅游统计年鉴》中的数据计算得到。

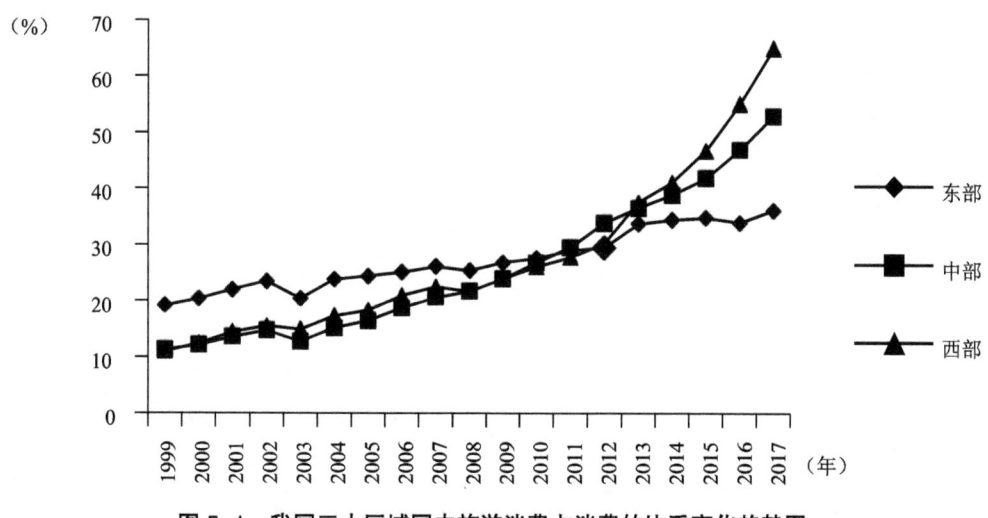

图 5-1 我国三大区域国内旅游消费占消费的比重变化趋势图

由表 5-1 和图 5-1 可知，从时间发展趋势上看，三大区域国内旅游消费占消费的比重均呈现逐年上升趋势。东部国内旅游消费占居民消费的比重由 1999 年的 19.2% 上升到 2017 年的 36.1%，上升了 16.9 个百分点。西部由 1999 年的 11.0% 上升到 2017 年的 64.9%，上升了 53.9 个百分点。中部由 1999 年的 11.3% 上升到 2017 年的 52.9%，上升了 41.6 个百分点。虽然东部所占比重 2010 年之前大于中部和西部，但上升得较慢，而中部和西部上升很快，西部从 2013 年开始，超过了东部和中部。这些数据表明三大区域的国内旅游消费对居民消费的作用和影响在不断增强。

二、国内旅游消费对居民消费的贡献率

国内旅游消费占居民消费的比重只是比较简单地反映国内旅游消费在居民消费中作用。为了更全面地反映国内旅游消费对居民消费的影响和贡献，通过运用贡献率和拉动力来反映各区域国内旅游消费对居民消费的贡献程度。计算结果见表 5-2、表 5-3 和图 5-2。

表 5-2 我国三大区域国内旅游消费对居民消费的贡献率

单位：%

年份	东部	中部	西部
2000	32.2	26.2	18.6
2001	41.1	33.6	38.8
2002	36.3	29.3	27.5
2003	−3.0	−3.0	7.3
2004	45.1	32.5	32.8
2005	27.9	27.4	26.2
2006	29.4	39.0	44.7
2007	31.1	31.8	31.5
2008	20.8	29.4	17.2
2009	42.1	44.6	41.8
2010	33.5	43.0	40.1
2011	35.4	43.7	36.7
2012	33.7	70.4	45.0
2013	69.5	59.2	95.1
2014	40.6	73.8	69.9
2015	39.4	68.9	109.8
2016	27.5	114.8	137.9
2017	14.4	88.2	157.0

数据来源：根据《中国统计年鉴》和《中国旅游统计年鉴》中的数据计算得到。

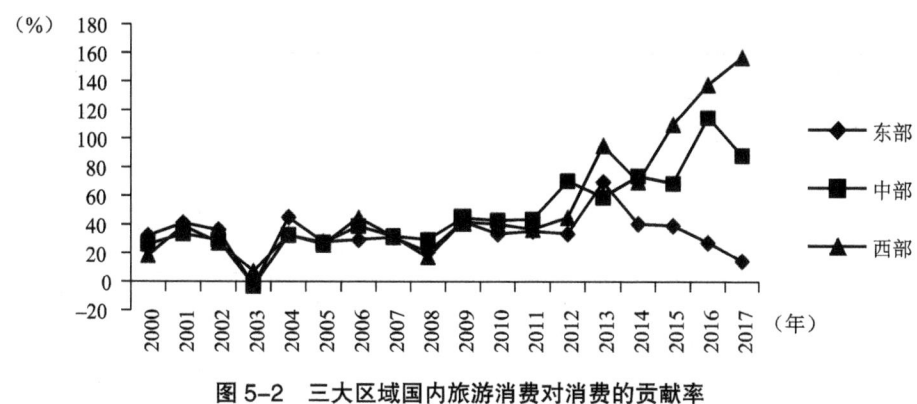

图 5-2 三大区域国内旅游消费对消费的贡献率

由表 5-2 和图 5-2 可知，东、中、西部在 2014 年之前表现出比较一致的变化趋势，2015 年开始，东、中部呈现下降的趋势，而西部呈现上升趋势。从时间发展趋势看，形成了几个峰谷和峰底。2003 年、2008 年的贡献率处于谷底，而 2001 年、2006 年、2009 年和 2013 年为峰顶。2003 年东、中部所受影响较大，而 2008 年对西部的影响要大于东、中部。从数值上来看，2000—2005 年，东部的贡献率最大，2007—2012 年中部的贡献率最大，2013 年之后西部的贡献率最大。

我国三大区域国内旅游消费对居民消费拉动力与贡献率呈现出一致的变化趋势。中部的拉动力从 2000 年 1.92% 增加到 2017 年的 10.24%，西部地区拉动力从 2000 年的 2.37% 增加到 2017 年的 16.72%，而东部地区 2000 年的拉动力为 3.66%，到 2017 年降为 1.44%。2000—2007 年东部国内旅游消费对居民消费的拉动力最强，2010—2012 年是中部，2006 年、2009 年以及 2013—2017 年是西部的拉动力最强。但西部波动的幅度要大于中部和东部（见表 5-3）。

表 5-3 我国三大区域国内旅游消费对居民消费拉动力

单位：%

年份	东部	中部	西部
2000	3.66	1.92	2.37
2001	3.32	2.59	2.64
2002	4.20	2.27	2.60
2003	−0.39	−0.38	0.63
2004	7.11	4.60	5.14
2005	4.44	3.50	4.09
2006	4.57	4.52	5.11
2007	5.34	5.13	5.30
2008	3.43	4.61	3.04

续表

年份	东部	中部	西部
2009	4.65	4.63	5.08
2010	5.79	7.53	6.42
2011	6.37	8.39	7.25
2012	3.88	8.35	7.20
2013	8.12	6.93	11.99
2014	4.48	7.36	8.63
2015	3.60	8.33	9.85
2016	3.57	10.09	13.91
2017	1.44	10.24	16.72

数据来源：根据《中国统计年鉴》和《中国旅游统计年鉴》中的数据计算得到。

以上用贡献率和拉动力分析了国内旅游消费对居民消费的影响。下面用地理联系率反映国内旅游消费和居民消费的联系程度。

地理联系率是指两个经济要素在地理分布上的联系情况，通过相似程度的差异反映空间结构的不同。可以分析区域国内旅游消费与居民消费水平之间的关系。公式如下：

$$G = 100 - \sum_{i=1}^{n} |S_i - P_i|/2 \quad (5.1)$$

式中：G 为区域国内旅游总收入与该地区居民总消费之间的地理联系率，S_i 和 P_i 分别为各省份国内旅游总收入和居民消费水平占全省的比重，n 为地区数。G 值介于 0~100 之间，值越大说明两个指标在地域上配合程度越高，反之则说明两者联系程度越小。

利用三大区域国内旅游消费和居民消费的数据，根据公式（5.1）计算出三大区域国内旅游消费与居民消费的地理联系率，计算结果见表5-4。

表5-4 我国三大区域国内旅游消费和居民消费的地理联系率

年份	东部	中部	西部
1999	79.5975	83.6756	84.3408
2000	80.2490	85.6380	86.5672
2001	80.3574	88.6199	86.2843
2002	82.5465	89.5849	87.7029
2003	81.8266	93.7867	87.9720
2004	81.8871	93.4595	90.5387
2005	83.1646	91.6079	90.2539

续表

年份	东部	中部	西部
2006	83.0442	90.2243	89.6150
2007	82.9116	88.9671	90.4243
2008	81.9000	89.4422	88.7483
2009	82.9333	91.3867	89.0476
2010	84.3165	93.1870	88.2108
2011	86.4325	94.6383	84.4985
2012	84.5361	94.1595	83.1737
2013	91.3458	93.4052	86.5148
2014	92.2323	88.2938	85.6143
2015	95.3859	87.4956	86.1988
2016	92.3111	84.9552	84.6727
2017	91.4002	86.4022	82.4156

数据来源：根据《中国统计年鉴》和《中国旅游统计年鉴》中的相关数据计算得到。

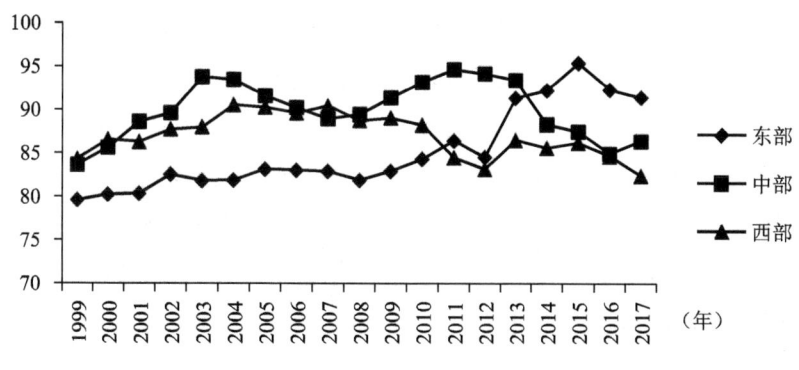

图 5-3 三大区域国内旅游消费和居民消费的地理联系率

由表 5-4 和图 5-3 可知，三大区域的地理联系率均呈现先升后降的趋势，西部和中部上升的幅度要大于东部。从具体数值来看，中部的地理联系率 1999—2013 年最高，其次是西部，最后是东部，而 2014 年之后是东部。表明中部的国内旅游消费和居民消费之间配合程度高，联系紧密，而东部的国内旅游消费与消费的地理联系率较低，表明东部国内旅游消费与居民消费的联系不是太紧密，或者说促进作用不是很明显。反映出中西部地区旅游消费在居民消费中占据很重要的地位，或者说中西部居民在满足了基本的需求外，高级需求中以旅游消费为主，而一些高端的、高层次的如金融、保险等方面的服务消费要少一些，相对于这些服务，旅游消费还是比较容易满足的，而东部地区由于经济发展水平较高，随着收入的提高，居民的高层次、高端的消费除了旅游服务，其他的服务项目可能要多于中西部地区，因此，旅游消费和居民消费的紧密程度要小些。也同时表明东部地区的高端的旅游项目较少，低端的旅游项目缺乏吸引力，居民用于旅游消费方面的支出可能会不变或者减少。

第二节 区域国内旅游消费对居民消费的影响

不论是国内旅游消费占居民消费的比重，还是国内旅游消费对消费的贡献率和拉动力，反映的都只是某一时点的影响，而不能反映出国内旅游消费对居民消费的长期的平均的影响及影响程度。因此，为了弥补这方面的不足，利用计量经济学中面板数据模型来刻画各区域国内旅游消费和居民消费间的长期均衡关系以及影响程度，找出区域间的差异性。区域选择仍然是分成东中西三大区域进行分析。

一、面板单位根检验和协整检验

建立面板数据模型之前，需要对变量进行平稳性检验和协整检验，因为众多经济变量尤其是面板数据大都是非平稳变量，用非平稳变量进行回归分析结果很大程度上表现为伪回归。为避免伪回归现象，需要对面板数据进行单位根检验。由于需要分析国内旅游消费对居民消费的影响，因此国内旅游消费（TC）作为解释变量，居民消费（RC）作为被解释变量。为了保证模型的稳健性，对变量取对数后再进行单位根检验和协整检验。本书分别采用 LLC、IPS、FisherADF 和 FisherPP 检验对面板数据进行单位根检验（Levin，2002；Maddala，1999；Im，2003），依据经济意义、数据轨迹图选择合适的检验方法，选择适当的滞后阶数使回归残差尽可能地接近白噪声，检验结果见表 5-5。

表 5-5 面板数据单位根检验结果

	变量	LLC	IPS	FisherADF	FisherPP
东部	TC	1.8017（0.9642）	2.2044（0.9863）	39.0756（0.8678）	27.4214（0.9961）
	D（TC）	−10.0899（0.0000）	−7.5978（0.0000）	157.122（0.0000）	179.614（0.0000）
	RC	21.8659（1.0000）	20.3146（1.0000）	2.9376（1.0000）	0.1055（1.0000）
	D（RC）	−8.5735（0.0000）	−3.4838（0.0002）	−3.4838（0.0002）	115.704（0.0000）
中部	TC	2.8218（0.9742）	2.5044（0.9763）	29.0756（0.9878）	26.3216（0.9861）
	D（TC）	−12.0695（0.0000）	−8.6938（0.0000）	146.455（0.0000）	158.814（0.0000）
	RC	18.8656（1.0000）	16.3148（1.0000）	6.9376（1.0000）	5.1055（1.0000）
	D（RC）	−9.5734（0.0000）	−5.4839（0.0002）	−5.4862（0.0002）	121.8042（0.0000）

续表

	变量	LLC	IPS	FisherADF	FisherPP
西部	TC	1.6218（0.9842）	3.5044（0.9883）	26.0755（0.9778）	25.3216（0.9861）
	D（TC）	−10.0497（0.0000）	−10.6818（0.0000）	116.422（0.0000）	123.814（0.0000）
	RC	17.5263（1.0000）	11.3648（1.0000）	3.8569（1.0000）	4.7255（1.0000）
	D（RC）	−6.5734（0.0000）	−2.4839（0.0002）	22.4862（0.0002）	121.8042（0.0000）

注：表中括号里的值为 P 值，D 代表数据的一阶差分，检验形式为带截距项和时间趋势。

表 5-5 的检验结果表明原序列不能拒绝存在单位根的原假设，即存在单位根；而一阶差分序列都在 5% 的显著性水平下拒绝了单位根假设。各个变量序列均为非平稳的 I（1）过程。基于此检验，可进行协整分析。

在面板单位根检验的基础上，为了有效地解决传统时间序列协整检验功效较低的问题，本文在面板框架下进行协整检验，以考察各个非平稳时间序列之间是否存在着协整关系。目前主要检验方法有基于 Johansen 协整检验法和类似于时间序列协整检验的 EG 两步法，在 EG 两步法中具有代表性的是以 Kao 为代表的同质面板协整检验（Kao，1998）和 Pedroni 提出的异质面板协整检验（Pedroni，1996）。本文采用 Kao 和 Pedroni 方法进行面板协整检验，表 5-6 和表 5-7 为检验结果。

表 5-6　KAO-ADF 面板协整检验结果

区域	统计量	统计值	统计值概率
东部	ADF	−4.8271	0.0023
中部	ADF	−5.5271	0.0006
西部	ADF	−4.9684	0.0012

表 5-7　Pedroni 面板协整检验结果

	统计量	东部统计值	中部统计值	西部统计值
组内统计量	Panel-v	241.7137（0.0000）*	191.7317（0.0000）*	189.7257（0.0000）
	Panel-ρ	0.8057（0.7898）	0.9043（0.7989）	0.9612（0.8398）
	Panel-PP	−7.6865（0.0000）*	−10.6856（0.0000）*	−9.6685（0.0000）*
	Panel-ADF	−2.4688（0.0000）*	−5.4628（0.0000）*	−7.6488（0.0000）*
组间统计量	Group-ρ	3.1644（0.0992）	2.1685（0.0871）	5.4642（0.0092）
	Group-PP	−8.7382（0.0000）*	−9.8384（0.0000）*	−7.9381（0.0000）*
	Group-ADF	−2.7845（0.0007）	−4.7896（0.0005）	−6.8569（0.0002）

注：1.除了 Panel-v 为右尾检定之外，其余统计检验量均为左尾检定。2.* 表示在 1% 的显著性水平上拒绝"不存在协整关系"的原假设。3.括号内的数值为统计值的概率值。

由表 5-6 和表 5-7 可以看出，三大区域的基于 Kao 的 ADF 面板数据检验方法接受存在协整关系的假设。Pedroni 检验结果除了 Panel-ρ 检验效果较差外，其余六个统计量的检验效果较好，有四个统计量在 1% 显著性水平下拒绝原假设，所以三大区域国内旅游消费和居民消费之间存在面板协整关系，可以进行回归分析。

二、区域旅游消费对居民消费影响的面板数据模型的建立

单方程面板数据模型的一般形式为：

$$y_{it} = \alpha_i + \beta_i x_{it} + \mu_{it} \quad i=1,2,\cdots,n,\ t=1,2,\cdots,T \tag{5.2}$$

其中 α_i 为 $1 \times k$ 向量，β_i 为 $k \times 1$ 向量，k 为解释变量的数目。该式通常有三种情形：情形 1：变截距模型 $\alpha_i \neq \alpha_j,\ \beta_i = \beta_j$；情形 2：变系数模型 $\alpha_i \neq \alpha_j,\ \beta_i \neq \beta_j$；情形 3：混合回归模型 $\alpha_i = \alpha_j,\ \beta_i = \beta_j$。

研究面板数据的第一步是检验所研究的问题究竟是上述三种情况中的哪一种，从而确定模型的形式，否则模型设定错误，会产生较大的误差。通常使用的方法是协方差检验分析，可以通过两个假设来检验：

假设 1：斜率在不同的横截面样本点上和时间上都相同，但截距不同。

$H_1: y_{it} = \alpha_i + \beta x_{it} + \mu_{it}$

假设 2：截距和斜率在不同的横截面样本点和时间上都相同。

$H_2: y_{it} = \alpha + \beta x_{it} + \mu_{it}$

如果不能拒绝假设 2，则选用混合回归模型，不需要进一步的检验。如果拒绝了假设 2，则可判定模型是变系数或变截距中的一种，需要进一步地检验假设 1。如果不能拒绝假设 1，则应选用变截距模型；如果拒绝了假设 1，则应选用变系数模型。

实施对这两个假设的检验可以用 F 统计量的计算方法。分别对三种情形的模型采用最小二乘法估计，可以得到三种情形的残差平方和。如果变系数模型、变截距模型、混合回归模型估计后所得的残差平方和分别为 S_1，S_2，S_3，那么：

检验 H_2 的 F 统计量为：

$$F_2 = \frac{(S_3 - S_1)/[(n-1)(K+1)]}{S_1/[n(T-K-1)]} \tag{5.3}$$

$F_2 \sim F[(n-1)(K+1),\ n(T-K-1)]$

检验 H_1 的 F 统计量为：

$$F_1 = \frac{(S_2 - S_1)/[(n-1)K]}{S_1/[n(T-K-1)]} \tag{5.4}$$

$F_1 \sim F[(n-1)K,\ n(T-K-1)]$，其中，$n$ 为横截面数，T 为时期数，K 为解释变量数。

下面运用 Eviews 软件（高铁梅，2009）进行协方差检验，其中：东部地区：

S_3=15939357，S_2=6574959，S_1=5200897，N=30，T=18，K=1，$F2$=4.27，$F_{0.05}$（58，270）=1.43，F_1=1.09，$F_{0.05}$（29，270）=1.55，F_2 大于临界值，因此拒绝 H_2 的原假设，而 F_1 均小于临界值，因此接受 H_1 的原假设，即模型为变截距模型。经过同样的检验，中西部地区均为变截距模型。由于本文所做的模型仅就各地区自身的资料进行研究，主要比较全国、东、中、西部地区国内旅游消费对居民消费的影响，所以将模型取为固定效应模型。因此最终面板模型为变截距固定效应模型。因此，最终面板数据模型形式如下：

$$RC_{ijt} = \alpha + \alpha_{ij} + \beta_1 TC_{ijt} + \mu_{ijt} \tag{5.5}$$

其中：下标 i=1, 2, 3, …, n，代表指定横截面面板中的不同截面单元，t=1, 2, 3, …, T，代表样本年度，j=1, 2, 3，代表着东中西不同的区域，α 为平均自发消费水平，α_{ij} 为自发消费水平对平均消费水平的偏离，反映省市间的居民消费水平的差异，μ_{ijt} 为随机扰动项，它服从独立同分布。TC_{ijt} 是 j 区域 i 省份 t 年的实际居民旅游消费水平，RC_{ijt} 是 j 区域 i 省份 t 年的实际居民消费水平。由于没有各区域城镇居民旅游消费的数据，故本书只分析了农村居民旅游消费对居民消费的区域影响和整体居民旅游消费对消费的区域影响。

三、三大区域国内旅游消费对消费的影响

东部地区面板数据模型的回归结果（括号中的数值为 t 值）：

$$\text{LOG}（RC）= 3.8215+0.6089\text{LOG}（TC） \tag{5.6}$$
$$（77.6020）（63.1457）$$

R^2=0.9673，调整后的 R^2=0.9647

中部地区面板数据模型的回归结果（括号中的数值为 t 值）：

$$\text{LOG}（RC）= 4.301466+0.5744\text{ LOG}（TC） \tag{5.7}$$
$$（77.6020）（63.1457）$$

R^2=0.9808，调整后的 R^2=0.9793

西部地区面板数据模型的回归结果（括号中的数值为 t 值）：

$$\text{LOG}（RC）= 4.3817+0.4841\text{ LOG}（TC） \tag{5.8}$$
$$（72.4405）（42.1091）$$

R^2=0.9722，调整后的 R^2=0.97

由方程（5.6）、（5.7）和（5.8）可知，各方程变量的 t 值都很大，均通过了变量的显著性检验，三个方程的拟合优度很高，表明方程回归的效果较好。从方程（5.6）可知，东部地区国内旅游消费对居民消费的回归系数为 0.6089，也就是说国内旅游消费每增加 1%，居民消费将增加 0.6089%。中部地区国内旅游消费对居民消费的回归系数

为 0.5744，西部为 0.4841。相比较而言，东部国内旅游消费对居民消费的促进作用相比较中西部地区更大一些。主要由于东部地区各省份经济发展水平较高，居民收入水平也较高，用于旅游消费支出相对多些，因而更好地促进了居民消费水平的提升。

四、三大区域农村居民旅游消费对消费的影响

东部地区面板数据模型的回归结果（括号中的数值为 t 值）：

$$\text{LOG（RC）} = 4.8386 + 0.4544 \text{LOG（TC）} \quad (5.9)$$
$$(68.2914)(22.1151)$$

$R^2=0.9955$，调整后的 $R^2=0.9949$

中部地区面板数据模型的回归结果（括号中的数值为 t 值）：

$$\text{LOG（RC）} = 5.2058 + 0.4831 \text{LOG（TC）} \quad (5.10)$$
$$(51.1672)(14.9864)$$

$R^2=0.9495$，调整后的 $R^2=0.9421$

西部地区面板数据模型的回归结果（括号中的数值为 t 值）：

$$\text{LOG（RC）} = 4.6948 + 0.3818 \text{LOG（TC）} \quad (5.11)$$
$$(55.2122)(13.8576)$$

$R^2=0.9788$，调整后的 $R^2=0.9758$

由方程（5.9）、（5.10）和（5.11）可知，各方程变量的 t 值都很大，均通过了变量的显著性检验，三个方程的拟合优度很高，表明方程回归的效果较好。从方程（5.9）可知，东部地区农村居民国内旅游消费对居民消费的回归系数为 0.4544，也就是说农村居民国内旅游消费每增加 1%，居民消费将增加 0.4544%。中部地区农村居民国内旅游消费对居民消费的回归系数为 0.4831，西部为 0.3818。相比较而言，中部地区农村居民国内旅游消费对居民消费的促进作用要大于东部和西部地区。

第三节 本章小结

本章主要分析了区域国内旅游消费对居民消费的经济影响。首先从三大区域国内旅游消费占居民消费的比重看，三大区域均呈现逐年上升趋势。虽然东部所占比重 2010 年之前大于中部和西部，但上升得较慢，而中部和西部上升很快，西部从 2012 年开始，超过了东部和中部。表明三大区域国内旅游消费对居民消费的作用和影响在不断增强。

其次分析了三大区域国内旅游消费对消费的贡献率和拉动力。总体上来讲，东、

中、西部在2014年之前表现出比较一致的变化趋势，2015年开始，东、中部呈现下降的趋势，而西部呈现上升趋势。2003年东、中部所受影响较大，2008年对西部的影响要大于东部和中部。2000—2005年东部的贡献率最大，2007—2012年中部的贡献率最大，2013年之后西部的贡献率最大。2000—2007年东部国内旅游消费对居民消费的拉动力最强，2010—2012年是中部，2006年、2009年以及2013—2017年是西部的拉动力最强。

然后，运用地理联系率分析了三大区域国内旅游消费与居民消费的紧密程度。三大区域地理联系率均呈现先升后降的趋势，中部的地理联系率1999—2013年最高，其次是西部，最后是东部，而2014年之后是东部的地理联系率最高。

最后，运用面板数据模型分析了三大区域国内旅游消费对居民消费的影响以及三大区域农村居民国内旅游消费对居民消费的影响，回归分析结果表明：东部国内旅游消费对居民消费的促进作用最大，其次是中部、西部。中部地区农村居民国内旅游消费对居民消费的促进作用要大于东部和西部。

第六章 旅游消费差距的测度

随着中国经济的快速增长,居民的收入水平不断提高,但城乡居民的收入差距也在明显扩大,1978年城镇居民人均收入是农村居民人均收入的2.5倍,2017年扩大到2.7倍。伴随着收入差距的扩大,城乡居民消费除了固有的家电、衣着、居住和交通等消费差异外,又增添了旅游、教育、医疗保健服务等新的消费差距。那么,目前我国旅游消费差距有多大,城乡旅游消费差距和区域旅游消费差距都具有什么特征,收入差距和经济发展水平对旅游消费差距产生怎样的影响,这对于旅游消费水平以及消费水平的提升将会产生重要的影响。而目前只是有少数学者研究了收入差距对旅游消费的影响(谷慧敏,2003;徐萍等,2010;周文丽等,2010;刘霁雯等,2010),而关于收入差距和经济发展水平对旅游消费差距的影响的研究还很少。因此,本章首先对城乡和区域的旅游消费差距进行了测度,其次运用计量经济学中的 VAR 模型、脉冲响应函数和方差分解技术对收入差距和经济发展水平对旅游消费差距的影响进行了分析,以期为我国扩大内需政策的有效实施提供一定的实证依据。

第一节 城乡居民旅游消费差距的测度

随着中国经济的增长,城乡居民消费水平有很大提高,城镇居民人均消费水平由改革开放初期的1978年的405元提高到2017年的24 445元,而农村居民人均消费水平也由改革开放初期的138元提高到2017年10 954元。在城乡人均消费水平提高的同时,城乡居民消费差距逐渐扩大,而且还呈现出明显的二元结构特征;即占我国人口总数一半左右的农村居民的消费总额只占全国居民消费总额的20%左右。随着城乡居民消费水平差距的扩大,我国城乡居民旅游消费也出现了差距。参照衡量城乡居民消费差距的方法,本书选用城乡旅游消费比、泰尔指数来对城乡居民旅游消费差距进行测度,以判断我国城乡居民旅游消费差距的大小。

一、基于总量数据的城乡居民旅游消费差距测度

为了能充分地反映出我国城乡居民消费差距的变化趋势,首先采用时间序列资料对改革开放以来的城乡消费差距的变化进行分析。表6-1采用的指标是城乡居民旅游消费之比,即用城镇居民旅游消费的数值除以农村居民旅游消费的数值。为了保证数据的可比性,分别用城镇和农村的居民消费价格指数进行缩减,换算为可比的旅游消费数据。

表6-1 我国城乡居民旅游消费差距

单位:%

年份	城乡居民旅游消费比	年份	城乡居民旅游消费比
1994	4.8386	2006	2.4323
1995	4.8391	2007	2.5000
1996	5.0676	2008	2.1500
1997	2.7668	2009	2.4522
1998	1.7295	2010	2.9609
1999	1.6132	2011	3.2932
2000	2.3772	2012	3.5158
2001	3.0455	2013	3.7061
2002	2.7644	2014	3.9756
2003	2.3156	2015	4.1935
2004	2.4851	2016	4.5107
2005	2.2434	2017	4.7163

数据来源:根据《中国旅游统计年鉴》中的数据计算得到。

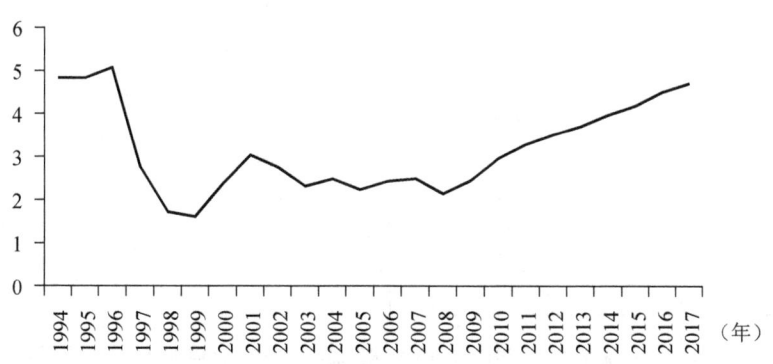

图6-1 1994—2017年我国城乡居民旅游消费差距变化趋势图

由表6-1和图6-1可知,我国城乡居民旅游消费差距并没有表现出明显的上升或

者下降的趋势，具有比较明显的阶段性特征。1994—1996年处于比较高位阶段，居民间旅游消费差距较大，1997—1999年处于较低的水平，2000—2002年又处于一个小幅度上升阶段，2003—2008年处于一个比较平稳的阶段，城乡居民旅游消费比值在2.5左右，2008年之后又开始处于上升阶段，但数值仍小于1994年的数值。

二、城乡居民旅游消费差距的泰尔指数分析

为了使结论更加地准确，更加地稳健，本文再采用泰尔指数方法对城乡居民旅游差距进行测度。泰尔指数的计算公式如下：

$$T=\sum_{j=1}^{2}\left(\frac{c_{jt}}{c_t}\right)\ln\left(\frac{c_{jt}}{c_t}\bigg/\frac{p_{jt}}{p_t}\right) \quad (6.1)$$

其中，$j=1,2$ 分别表示城镇和农村地区，p_{jt} 表示 t 时期城镇（$j=1$）或农村（$j=2$）的人口总数，p_t 代表 t 时期的人口总数，即 $p_t=p_{1t}+p_{2t}$；c_{jt} 表示 t 时期城镇（$j=1$）或农村（$j=2$）的旅游消费总额，c_t 表示 t 时期的总消费，即 $c_t=c_{1t}+c_{2t}$。从（6.1）式可以看出，这种度量方法既反映了我国城乡居民的旅游消费结构的变化，同时也反映了我国城乡人口结构的变化。根据这种方法，对我国1994—2017年的城乡居民旅游消费差距的泰尔指数进行度量，计算结果如表6-2和图6-2所示。

表6-2 我国城乡居民旅游消费差距的泰尔指数

年份	泰尔指数	年份	泰尔指数
1994	0.6396	2006	0.1443
1995	0.6305	2007	0.1364
1996	0.6004	2008	0.0959
1997	0.3557	2009	0.1116
1998	0.1820	2010	0.1363
1999	0.1446	2011	0.1462
2000	0.2285	2012	0.1506
2001	0.2783	2013	0.1621
2002	0.2320	2014	0.1387
2003	0.1692	2015	0.1354
2004	0.1772	2016	0.1361
2005	0.1399	2017	0.1324

注：农村人口、城镇人口、城镇居民旅游消费和农村居民旅游消费数据均来源于《中国统计年鉴》。

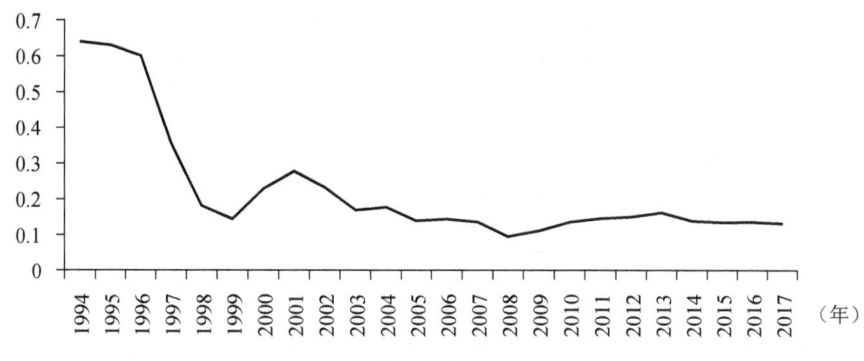

图 6-2　1994—2017 年我国城乡居民旅游消费差距的泰尔指数

由表 6-2 和图 6-2 大致可以看出我国城乡居民旅游消费差距的泰尔指数的变化规律和城乡居民旅游消费比的变化规律基本上是一致的，保证了结论的一致性。泰尔指数由 1994 年的 0.6396 下降到 2017 年的 0.1324，减少了 79.3%。

第二节　收入分配差距对旅游消费差距的影响

一、变量选取与数据来源

本文中的城乡居民旅游消费差距由城镇居民人均旅游消费与农村居民旅游人均消费相比求得，记为 CD。城乡居民收入差距由城镇居民人均可支配收入与农村居民人均纯收入相比求得，记为 ID。为了消除价格波动影响，对城乡居民的收入与消费数据分别使用 GDP 平减指数（1994 年为基期）和城乡居民消费价格指数（1994 年为基期）进行了处理。同时，为了避免"伪回归"和保障研究结论的稳健性，对城乡居民的收入与旅游消费差距分别做对数化处理。本文的样本期为 1994—2017 年，城乡居民人均旅游消费的数据和人均收入的数据均来自于历年《中国统计年鉴》和《中国旅游统计年鉴》，数据的计量经济分析运用 Eviews 软件完成（高铁梅，2009）。

二、城乡居民旅游消费与收入差距的实证分析

（一）数据平稳性检验

为了避免出现"伪回归"现象，在进行 VAR 模型估计前需要对变量进行平稳性检验。本文采用 ADF 法对各变量进行平稳性检验，检验结果见表 6-3。

表 6-3 变量单位根检验结果

变量	ADF 统计值	1% 临界值	5% 临界值	10% 临界值	结论
lnCD	−2.7350	−4.8001	−3.7911	−3.3422	非平稳
D（lnCD）	−4.2754	−2.7175	−1.9644	−1.6056	平稳
lnID	1.2728	−4.7283	−3.7597	−3.3249	非平稳
D（lnID）	−4.3244	−4.7283	−3.7597	−3.3249	平稳

由表 6-3 可知，lnCD 和 lnID 原序列都是不平稳的，而经过一阶差分后序列在 1% 和 5% 的置信水平下平稳，满足序列平稳性的要求，可以进行 VAR 估计。

（二）VAR 模型的建立和检验

本文根据 AIC 和 SC 信息准则最小化并结合似然比 LR 检验来确定滞后阶数，选择最优滞后期为 2（见表 6-4），建立了 VAR（2）模型。确定了最优滞后期后，还需要对模型的稳定性进行检验，是进行脉冲响应分析的前提。如果被估计的模型中所有单位根的倒数小于 1，即位于单位圆内，表示模型是稳定的。如果单位根倒数大于 1，在单位圆外，说明模型不稳定，无法进行脉冲响应分析。由图 6-3 可知，发现所有单位根的倒数都在单位圆内，说明模型是稳定的，可以进行脉冲响应分析。

表 6-4 VAR 模型的最佳滞后阶数检验结果

滞后期	LR 值	FPE 值	AIC 值	SC 值	HQ 值
0	NA	0.0005	−1.8416	−1.7503	−1.8500
1	41.5690*	2.23e−05	−5.0491	−4.7753	−5.0745
2	9.2986	1.48e−05*	−5.5109*	−5.0544*	−5.5532*
3	0.9357	2.61e−05	−5.0731	−4.4341	−5.1328
4	0.7202	5.32e−05	−4.6458	−3.8241	−4.7218

注：* 表示被标注的数值所在的行对应的滞后阶数即为该数值所在列的检验标准推荐的最佳滞后阶数；5 个检验标准分别是：修正的似然比检测统计值（LR）、最终预测误差（FPE）、Akaike 信息量（AIC）、Schwarz 信息量（SC）以及 Hannan–Quinn 信息量（HQ）。

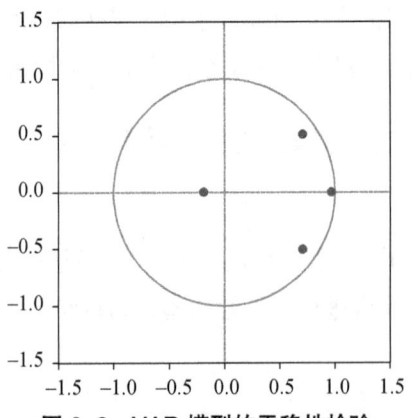

图 6-3 VAR 模型的平稳性检验

表 6-5 JJ 协整检验结果

原假设	特征根	迹统计量	5% 临界值	概率
没有协整关系 *	0.7390	25.5987	20.2618	0.0083
至少一个协整关系	0.3045	5.4478	9.1645	0.2379

由表 6-5 可知，迹统计量的值大于 5% 临界值，表明存在着一个协整关系，也就意味着城乡居民收入差距和旅游消费差距间存在着长期的均衡关系。

（三）脉冲响应分析和方差分解

1. 脉冲响应分析

为了准确衡量我国城乡居民旅游消费差距与收入差距间的动态相关性，需要在估计的 VAR 模型基础上进一步估计变量的脉冲响应函数。本文运用广义脉冲响应技术法来进行分析。根据相关指标的比较，本文将函数的追踪期设定为 20 期。图 6-4 和图 6-5 分别为我国城乡旅游消费差距对收入差距的脉冲响应分析图。

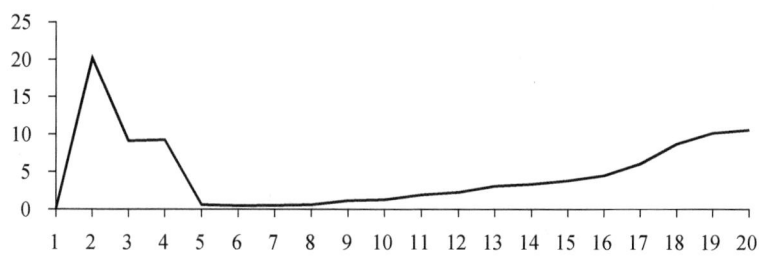

图 6-4 旅游消费差距对收入差距的脉冲响应

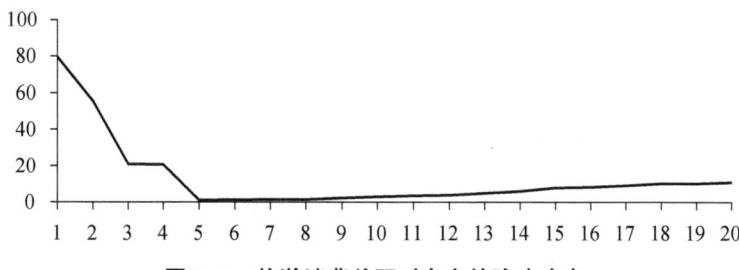

图 6-5 旅游消费差距对自身的脉冲响应

图 6-4 反映了城乡居民旅游消费差距对收入差距的一个标准差信息的冲击后所产生的脉冲响应函数图。当给收入差距一个冲击，经过前 5 期的调整后，其变化趋势基本平稳，在响应期间旅游消费差距对收入差距始终存在一个正向的响应，且这种响应会逐渐累积和增强，表明随着收入差距的扩大，旅游消费差距也将会扩大。由于收入是决定居民旅游消费的根本性因素，农村居民一旦感知到与城镇居民间的收入差距，将降低消费意愿，会首先缩减旅游消费等高层次消费支出，并通过累积效应逐步拉大城乡旅游消费差距，势必会影响到农村人力资本的积累和素质的提高，进而影响农村

未来的收入增长和消费能力,形成一个恶性循环。同时,由图 6-5 可知,在整个考察期内,城乡旅游消费差距对其自身一个标准差信息冲击经过前 4 期调整后的总体响应路径也为正,且呈现逐渐上升的趋势,但并不显著。也就是说,从长期来看,城乡旅游消费差距对其自身的冲击将逐渐增强和累积,目前城乡旅游消费差距将导致未来旅游消费差距进一步扩大。

2. 方差分解

下面利用方差分解技术比较分析我国城乡旅游消费差距与收入差距的动态关系,表 6-6 为城乡旅游消费差距的方差分解。

表 6-6　城乡旅游消费差距的方差分解

单位:%

时期	标准差	CD	ID
1	76.4696	100.0000	0.0000
2	82.0822	93.8271	6.1728
3	84.8958	93.7526	6.2474
4	85.2242	93.1676	6.8323
5	85.2329	93.1603	6.8396
6	85.3040	93.0949	6.9050
7	85.3383	93.0646	6.9353
8	85.4079	92.9480	7.0519
9	85.5312	92.8234	7.1765
10	85.6819	92.6256	7.3743
11	85.8734	92.3971	7.6028
12	86.1050	92.0993	7.9006
13	86.3959	91.7388	8.2611
14	86.7600	91.2846	8.7153
15	87.2202	90.7245	9.2754
16	87.7995	90.0290	9.9709
17	88.5290	89.1753	10.8246
18	89.4444	88.1321	11.8678
19	90.5909	86.8708	13.1291
20	92.0223	85.3609	14.6391

由表 6-6 可知,在 20 期内,对居民旅游消费差距贡献率最大的是自身因素的变化,但其自身贡献率呈现逐年递减趋势,第 2 期到第 16 期贡献率在 90% 以上,第 16 期以后低于 90%,第 20 期为 85.3609%,仍然起主要作用。收入差距对旅游消费差距变化的贡献率呈现不断上升的趋势,由第 2 期的 6.1728% 上升到第 20 期的 14.6391%,也从另一侧面证实了收入差距对旅游消费差距的正向持久影响。

第三节　经济发展水平对旅游消费差距的影响

关于城乡居民消费差距与经济发展水平之间的关系问题，一般有两种观点。其一认为城乡居民消费水平差异类似于收入差距，根据库兹涅茨假设，经济发展水平与收入差距之间存在倒 U 形关系，经济发展水平较低时，差距较小，随着经济的不断发展，差距开始扩大，当经济发展水平达到一定的高度，社会开始重视公平问题，收入或消费的差距又将开始缩小。这种观点在西方发达国家的经济发展过程中得到了一定的印证。另一种观点则源自拉美国家的发展事实，无论经济如何发展，收入和消费水平的差距都在日益恶化，看不到改善的迹象。一些拉美国家的发展有着浓厚的民粹主义特点，少数特权阶层掌握着国家机器和社会资源，国家机器并没有代表大多数普通民众的利益，而是为少数人服务，这导致国民收入和消费差距一直维持在高水平状态，从而导致社会政局的动荡不安。

城乡居民消费间存在着差距，城乡旅游消费间也同样存在着差距。那么，旅游消费差距与经济发展水平间的关系是否也和消费差距与经济发展水平间的关系有着某种相似性呢？因此，本书运用计量经济学方法，对城乡居民间旅游消费差距与经济发展水平间的关系进行检验，发现两者间的真实关系。其中旅游消费差距运用城乡居民旅游消费的比值，经济发展水平用 GDP 数据，为了保证数据的可比性和一致性，运用居民消费价格指数和 GDP 指数对数据进行了处理。旅游消费差距和经济发展水平间的关系可以用以下方程表示：

$$y=\beta_0+\beta_1 x+\beta_2 x^2+\beta_3 x^3+\varepsilon \tag{6.2}$$

方程（6.2）中 y 代表城乡居民旅游消费差距，x 代表经济发展水平，根据回归参数的估计结果，可以判断旅游消费差距与经济发展水平间的曲线形状，如果：

（1）$\beta_1=\beta_2=\beta_3=0$，旅游消费差距与经济发展水平间为直线或不相关关系；

（2）$\beta_1>0$，而 $\beta_2=\beta_3=0$，旅游消费差距与经济发展水平间为一元递增或线性关系；

（3）$\beta_1<0$，而 $\beta_2=\beta_3=0$，旅游消费差距与经济发展水平间为一元递减关系；

（4）$\beta_1>0$，$\beta_2<0$，而 $\beta_3=0$，旅游消费差距与经济发展水平间为库兹涅茨曲线，呈倒 U 形；

（5）$\beta_1<0$，$\beta_2>0$，而 $\beta_3=0$，旅游消费差距与经济发展水平间为 U 形曲线；

（6）$\beta_1>0$，$\beta_2<0$，而 $\beta_3>0$，旅游消费差距与经济发展水平间为呈 N 形曲线；

（7）$\beta_1<0$，$\beta_2>0$，而 $\beta_3<0$，旅游消费差距与经济发展水平间为呈倒 N 形曲线。

本书中的样本期为 1994—2017 年，数据来源于《中国统计年鉴》和《中国旅游统计年鉴》，运用 Eviews 软件的回归方程如下（括号中的数字为 t 值）：

$$y = 3265.26 - 840.68\,x + 72.14\,x^2 - 2.06\,x^3 \qquad (6.3)$$
$$(4.3039)\ (-4.2695)\ (4.2388)\ (-4.2104)$$

$R^2=0.8029$，调整后的 $R^2=0.7607$，$F=19.0171$（相伴概率为 0.0000），DW=1.95。

由回归结果可知，变量的显著性检验通过，回归的拟合优度较高，方程的显著性检验通过，不存在序列相关性，表明方程拟合得较好。

根据方程中的回归参数的估计结果，可以判断出旅游消费差距和经济发展水平间的关系为倒 N 形曲线，并没有表现出库兹涅茨式的倒 U 形曲线。表明目前我国的旅游消费差距呈现出随着经济的发展，城乡居民旅游消费差距在扩大，之后呈现下降的趋势，最后又呈现上升的趋势。

第四节　区域旅游消费差距的测度

一、研究方法

由于各地在旅游资源禀赋、旅游交通通达性、旅游服务水平、区域经济发展水平、产业政策以及文化背景、旅游消费习惯等方面存在一定的差异，会导致区域间旅游经济的发展呈现出不平衡的状态。通常测度区域差异的方法有绝对差异和相对差异之分，绝对差异的方法包括极差、极均差、平均差和标准差等，相对差异的方法包括变异系数、泰尔指数、基尼系数、综合熵指数等。通过参考区域经济差异相关研究方法，本书选用相对差异中的变异系数和泰尔指数对我国居民旅游消费总体、城乡居民旅游消费的区域差异的特征及演变规律进行系统的分析。

（一）变异系数

标准差又称均方差，通常用来表示各个区域指标的单项数值相比于算术平均值的偏离程度。标准差用来表示经济总量水平方面的差异，但存在均值和量纲的影响，为了消除这些影响，将标准差除以均值得到变异系数，变异系数适用于总体均值不等的离散程度的比较，由于其没有量纲，不受时间等因素的影响，因而具有广泛的可比性。计算公式为：

$$V_t = \sqrt{\frac{\sum_{i=1}^{m}(Y_{it}-\overline{Y}_t)^2}{m}} \bigg/ \overline{Y}_t \qquad (6.4)$$

式中：Y_{it} 为第 t 时点第 i 个省份或区域的居民旅游消费水平；$\overline{Y}_t$ 为第 t 时点居民的

平均旅游消费水平；m 为省份或者区域的总个数。

（二）泰尔指数

泰尔指数最早由 Theil 和 Henri 于 1967 年提出，是衡量区域差异的重要指标，数值越大说明区域间不均衡程度越大，反之则越小。该系数具有可加分解性，不受考察空间单元个数的影响，因而可比较不同区域系统内的旅游发展差异。本文将泰尔指数细分为区域内和区域间差异两部分，总体差异等于区域内差异加上区域间差异。公式如下：

$$T_{pj} = \sum \frac{Y_{ij}}{Y_j} \ln \frac{Y_{ij}/Y_j}{N_{ij}/N_j} \qquad (6.5)$$

$$T_{br} = \sum \frac{Y_j}{Y} \ln \frac{Y_j/Y}{N_j/N} \qquad (6.6)$$

$$T_p = \sum \frac{Y_j}{Y} T_{pi} + T_{br} = T_{wr} + T_{br} \qquad (6.7)$$

式中：T_{pi}、T_{wr}、T_{br}、T_p 分别为区域内的地区间、区域内、区域间和全国各省份间（总差异）的旅游消费差异程度的泰尔指数；Y_{ij} 和 N_{ij} 分别为区域 j 内省份 i 的国内旅游消费和人口数，Y_j 和 N_j 分别为区域 j 的国内旅游消费和人口数，Y 和 N 分别为全国的国内旅游消费和人口数。

二、各地区居民旅游消费差距的测度

（一）变异系数

根据公式（6.4），利用我国 30 个省、自治区和直辖市的国内旅游消费和人口的数据，计算出全国以及东中西部三大区域的居民旅游消费的标准差和变异系数，所需数据来源于《中国统计年鉴》和《中国旅游统计年鉴》，计算结果见表 6-7 和表 6-8。

表 6-7　全国国内旅游消费的变异系数

年份	变异系数	年份	变异系数
1999	1.0045	2009	0.7860
2000	0.9781	2010	0.7709
2001	0.9400	2011	0.7498
2002	0.9214	2012	0.7625
2003	0.9296	2013	0.6868
2004	0.8928	2014	0.6666
2005	0.8630	2015	0.6580
2006	0.8334	2016	0.5795
2007	0.8177	2017	0.5506
2008	0.8025		

由表6-7可知，全国居民旅游消费的变异系数1999—2017年呈现逐渐下降的趋势，由1999年的1.0045下降到2017年的0.5506。从全国来看，表明我国各地区之间的国内旅游消费的差距在缩小，有利于旅游经济发展的区域均衡化。

表6-8 三大区域国内旅游消费的变异系数

年份	东部	中部	西部
1999	0.6161	0.6585	0.9296
2000	0.5956	0.6216	0.8484
2001	0.5776	0.5463	0.8386
2002	0.5485	0.5115	0.8289
2003	0.5806	0.4020	0.8688
2004	0.5300	0.4843	0.8218
2005	0.5091	0.4856	0.8247
2006	0.5047	0.4937	0.8571
2007	0.5052	0.5094	0.8385
2008	0.5265	0.4728	0.7182
2009	0.5315	0.4323	0.7129
2010	0.5525	0.4291	0.6891
2011	0.5643	0.3949	0.6672
2012	0.6628	0.3803	0.6565
2013	0.5263	0.3332	0.6913
2014	0.5243	0.3569	0.7123
2015	0.5726	0.3272	0.7146
2016	0.5020	0.3174	0.7116
2017	0.4855	0.3125	0.6934

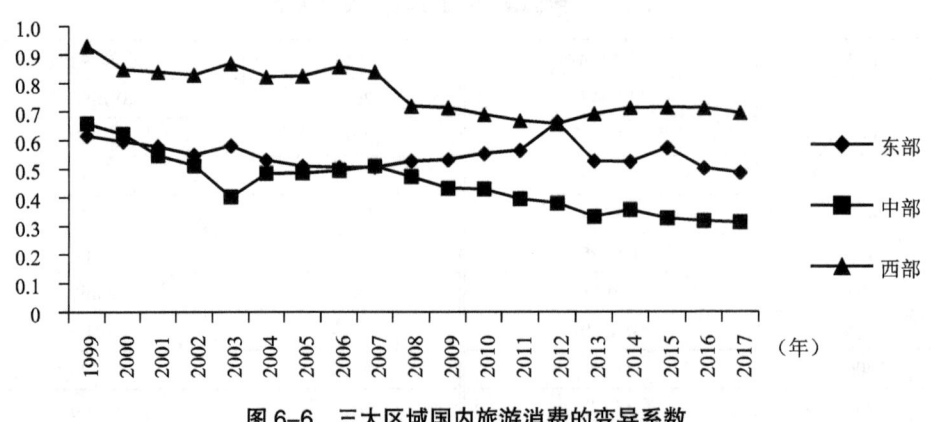

图6-6 三大区域国内旅游消费的变异系数

由表 6-8 和图 6-6 可知，我国三大区域国内旅游消费的变异系数从总体上来看中部和西部的发展趋势比较相似，呈现逐渐下降的趋势，表明中部和西部的省份之间的旅游消费的差距在缩小，而东部地区旅游消费的变异系数虽然变动幅度不是很大，但呈现出先上升后下降的趋势，从 2013 年开始呈现逐渐下降的趋势，表明东部内部各省份之间旅游消费的差距开始逐渐缩小。

从具体数值上来看，西部地区的变异系数的数值要大于东部和中部地区，中部地区的变异系数数值最小。表明西部地区国内旅游消费间的差异要大于东部和中部地区，中部地区间的差异是最小的。

（二）泰尔指数

根据公式（6.5）~公式（6.7），利用我国 30 个省、自治区和直辖市的国内旅游消费和人口的数据，计算出国内旅游消费的泰尔指数，所需数据来源于《中国统计年鉴》和《中国旅游统计年鉴》，计算结果见表 6-9。

表 6-9　国内旅游消费的泰尔指数

年份	东部内差异	中部内差异	西部内差异	区域内差异	区域间差异	总体差异	区域内贡献率	区域间贡献率
1999	0.4477	0.0505	0.1482	0.3266	0.1598	0.4864	0.6714	0.3286
2000	0.4222	0.0400	0.1210	0.3030	0.1529	0.4560	0.6646	0.3354
2001	0.4168	0.0308	0.1091	0.2921	0.1410	0.4331	0.6743	0.3257
2002	0.3826	0.0262	0.0968	0.2681	0.1434	0.4114	0.6515	0.3485
2003	0.3771	0.0257	0.0964	0.2632	0.1378	0.4010	0.6564	0.3436
2004	0.3470	0.0135	0.0843	0.2388	0.1343	0.3731	0.6399	0.3601
2005	0.3071	0.0178	0.0760	0.2102	0.1235	0.3338	0.6299	0.3701
2006	0.2819	0.0195	0.0724	0.1898	0.1058	0.2956	0.6422	0.3578
2007	0.2649	0.0214	0.0687	0.1770	0.0961	0.2730	0.6482	0.3518
2008	0.2446	0.0220	0.0747	0.1634	0.0868	0.2501	0.6531	0.3469
2009	0.2539	0.0201	0.0795	0.1676	0.0768	0.2444	0.6858	0.3142
2010	0.2173	0.0144	0.0774	0.1414	0.0639	0.2053	0.6886	0.3114
2011	0.1554	0.0072	0.0923	0.1059	0.0411	0.1470	0.7204	0.2796
2012	0.1968	0.0113	0.0956	0.1261	0.0265	0.1526	0.8263	0.1737
2013	0.0959	0.0140	0.0860	0.0728	0.0243	0.0971	0.7497	0.2503
2014	0.0825	0.0337	0.0912	0.0717	0.0171	0.0888	0.8074	0.1926
2015	0.0626	0.0322	0.0809	0.0588	0.0091	0.0679	0.8660	0.1340
2016	0.0551	0.0403	0.0841	0.0587	0.0028	0.0615	0.9545	0.0455
2017	0.0464	0.0443	0.0735	0.0531	0.0025	0.0556	0.9550	0.0450

由表 6-9 可知，我国国内旅游消费的总体差异呈现逐年下降的趋势，由 1999 年的 0.4864 下降到 2017 年的 0.0556，表明各地区之间的旅游消费差距在逐步缩小，这与变异系数得出的结论是一致的。从总体差异的分解情况来看，区域内的差异大于区域间的差异，也就是说，各地区间的旅游消费的差异主要来自区域内的差异，其对总体差异的贡献率 1999—2010 年基本上在 65% 左右，区域间的差异的贡献率在 35% 左右。2011 年之后，区域内差异的贡献率逐渐增大到 95% 左右，而区域间差异的贡献率逐渐减少到 5% 左右。从区域内差异来看，东部、中部和西部的内部差异均呈现逐渐下降的趋势，东部的下降趋势更加明显一些，东部内部差异的数值要大于西部和中部，中部的数值是最低的。一方面表明东部内部各省份之间的旅游消费的差异要大于西部和中部，中部内部各省份间的旅游消费的差异是最小的；另一方面也表明三大区域内部各省份之间的旅游消费的差异在不断缩小，旅游消费朝着均衡化的方向发展。区域内部差异得出的结论与变异系数得出的结论有一些出入，泰尔指数把各区域的人口因素考虑进来，不仅反映了区域内部旅游消费的变化，同时也反映了人口结构的变化，这样可能更真实地反映国内旅游消费地区间的差异情况。三大区域国内旅游消费差异的逐步缩小主要是由于：第一，国家旅游局提出的三区联动战略。旅游扶贫示范区重点放在投资环境最为薄弱的西部地区，生态旅游示范区重点放在生态景观资源富集的西南部以及东部地区，而国家旅游度假区重点放在景观资源优势突出的东部沿海地区，地区间差异进一步缩小。第二是中央政府的战略转移。20 世纪 90 年代末西部大开发和 21 世纪初中部崛起、振兴东北老工业基地，使中西部政策区域的旅游业获得发展机遇，对缩小东部与中西部地区间区域差异发挥重要作用。

三、城镇居民旅游消费差距的区域测度

由于国内旅游抽样调查资料中 2008 年以后对城市数量进行了调整，由原来的 39 个城市减少为 30 个城市。因此，2008 年以后的数据不能和以前的数据进行比较。因此，本书最终把城市数量统一为 30 个。另外，2011 年之后国内旅游抽样调查资料中没有按城市或地区对旅游消费的数据进行统计，因此 2011 年之后没有数据，故样本期的时间段为 2000—2010 年。根据公式（6.4）以及 30 个城市的城镇居民的国内旅游人均消费的数据计算出了全国以及东中西部三大区域的国内旅游消费的变异系数，计算结果见表 6-10 和表 6-11。由于我国国内旅游抽样调查中没有统计城镇居民旅游总消费的数据，因此不能计算泰尔指数。

表 6-10　全国城镇居民旅游消费的变异系数

年份	变异系数	年份	变异系数
2000	0.4836	2006	0.4536
2001	0.4748	2007	0.4612
2002	0.4837	2008	0.8396
2003	0.5788	2009	0.6185
2004	0.4709	2010	0.6748
2005	0.5739		

由表 6-10 可知，从全国范围来讲，城镇居民旅游消费的变异系数总体上呈现逐渐上升的趋势，由 2000 年的 0.4836 上升到 2010 年的 0.6748。2003 年、2005 年和 2008 年是三个比较高的年份，形成三个峰顶。2009 年和 2010 年虽然数值低于 2008 年，但仍处于较高的水平，仍高于 2007 年之前的年份的数值。一方面表明，我国各地区之间城镇居民旅游消费的差距在不断扩大；另一方面表明，在一些比较特殊的时期，如 2003 年"非典"和 2008 年美国金融危机对各地区城镇居民旅游消费均有较大的影响且影响的程度不同，导致了这些特殊时期各地区城镇居民旅游消费的差异比较明显。

表 6-11　三大区域城镇居民旅游消费的变异系数

年份	东部	中部	西部
2000	0.3919	0.4640	0.5683
2001	0.4259	0.3907	0.5878
2002	0.4296	0.3554	0.5419
2003	0.4431	0.3444	0.7586
2004	0.3853	0.3010	0.6156
2005	0.3078	0.5387	0.6283
2006	0.3501	0.4331	0.5043
2007	0.3955	0.3353	0.5734
2008	0.4456	0.2890	1.2087
2009	0.4368	0.2865	0.9104
2010	0.4351	0.3965	0.9994

由表 6-11 可知，从三大区域内部看，东部城镇居民旅游消费的变异系数呈现先升后降再升的变化趋势，只是变动的幅度不是很大。中部城镇居民旅游消费的变异系数呈现先降后升再降再升的变化趋势，而西部城镇居民旅游消费的变异系数呈现逐渐上升的趋势。表明近几年，东中西三大区域城镇居民旅游消费的区域差异有逐步扩大的趋势。从三大区域间看，西部的变异系数数值最大，除了 2005 年和 2006 年中部的变异系数大于东部的数值外，其余年份均是东部的变异系数大于中部。表明西部各地区

间的城镇居民旅游消费的差距要大于东部和中部的差距。

四、农村居民旅游消费差距的区域测度

（一）标准差及变异系数

根据公式（6.4）以及 30 个省、自治区和直辖市的农村居民的国内旅游消费的数据计算出了全国以及东中西部三大区域的农村居民国内旅游消费的变异系数，计算结果见表 6-12 和表 6-13。

表 6-12　全国农村居民旅游消费的变异系数

年份	变异系数	年份	变异系数
2001	0.5097	2006	0.3183
2002	0.3863	2007	0.3555
2003	0.4128	2008	0.2805
2004	0.3543	2009	0.3410
2005	0.4307	2010	0.3797

由表 6-12 可知，全国范围内农村居民旅游消费的变异系数呈现 W 形，没有明显的上升或者下降的趋势。2001 年变异系数最大为 0.5097，之后有升有降，从 2008 年开始又呈现上升的趋势，表明近年来，我国农村居民旅游消费的区域差异在逐步扩大。

表 6-13　三大区域农村居民旅游消费的变异系数

年份	东部	中部	西部
2001	0.5202	0.3073	0.4475
2002	0.3705	0.3787	0.3830
2003	0.4217	0.4187	0.3037
2004	0.3238	0.1629	0.3042
2005	0.3275	0.2247	0.5793
2006	0.3048	0.2090	0.3497
2007	0.3534	0.2457	0.3785
2008	0.2322	0.2537	0.3306
2009	0.2451	0.2090	0.4885
2010	0.2347	0.2357	0.5663

由表 6-13 可知，东部地区农村居民旅游消费的变异系数呈现逐渐下降的趋势，由 2001 年的 0.5202 下降到 2010 年的 0.2347；中部地区经过 2001—2003 年高位运行外，从 2004 年开始处于小幅上升的阶段；西部地区总体上呈现上升的趋势，由 2001 年的 0.4475 上升到 2010 年的 0.5663。从区域间来看，西部的变异系数最大，其次是东部，

最后是中部，表明西部各地区间的农村居民旅游消费的差异最大，其次是东部和中部。旅游消费差距的扩大不利于区域旅游经济的均衡发展。

（二）泰尔指数

根据公式（6.5）~公式（6.7），利用我国30个省、自治区和直辖市的农村居民旅游消费和人口的数据，计算出农村居民旅游消费的泰尔指数，所需数据来源于《中国统计年鉴》和《中国旅游统计年鉴》，计算结果见表6-14。

表6-14 三大区域农村居民旅游消费差距的泰尔指数

年份	东部内差异	中部内差异	西部内差异	区域内差异	区域间差异	总体差异	区域内贡献率	区域间贡献率
2003	0.4729	0.1071	0.1600	0.2763	0.0168	0.2931	0.9426	0.0574
2004	0.4600	0.0704	0.2120	0.2812	0.0194	0.3006	0.9355	0.0645
2005	0.2779	0.0474	0.0996	0.1645	0.0289	0.1933	0.8508	0.1492
2006	0.3414	0.0658	0.1107	0.1928	0.0154	0.2082	0.9259	0.0741
2007	0.3210	0.0521	0.0909	0.1732	0.0143	0.1875	0.9238	0.0762
2008	0.2022	0.0679	0.0841	0.1304	0.0224	0.1528	0.8536	0.1464
2009	0.2404	0.1004	0.0971	0.1628	0.0370	0.1998	0.8150	0.1850
2010	0.1757	0.0965	0.1597	0.1513	0.0350	0.1863	0.8119	0.1881

由表6-14可知，东部内部的农村居民旅游消费的差异呈现逐年下降的趋势，而中部和西部在开始下降后又呈现逐渐上升的趋势。从具体数值上来说，东部内部的差异的数值要大于西部和中部。一方面表明东部内部各省份之间的农村居民旅游消费的差距在不断缩小，而中部和西部在逐渐扩大；另一方面，虽然东部各省份旅游消费差异在逐步缩小，但东部的差异仍然要大于中部和西部各省份间的差异。从全国范围来看，农村居民旅游消费的差异总体上呈现下降的趋势，这种差异的缩小主要归功于区域内的差异，其对总体差异的贡献率为81%~94%，而区域间差异的贡献率仅为5%~19%。可见，农村居民旅游消费的区域差异主要是由于区域内部的差异造成的，区域内部的不均衡大于区域间的不均衡，因此，如何把三大区域内部的不均衡均衡化，可能会更加促进旅游消费水平的提升。

第五节 本章小结

本章首先运用城乡居民旅游消费比和泰尔指数测度了城乡居民旅游消费差距，其次分析了收入差距和经济发展水平对城乡居民旅游消费差距的影响，最后运用变异系数和泰尔指数对国内区域旅游消费差距进行了测度，得出以下结论。

第一，我国城乡居民旅游消费差距未表现出明显的上升或者下降的趋势，具有比较明显的阶段性特征。1994—1996年处于比较高位阶段，居民间旅游消费差距较大，1997—1999年处于较低的水平，2000—2002年又处于一个小幅度上升阶段，2003—2008年处于一个比较平稳的阶段，城乡居民旅游消费比值在2.5左右，2008年之后又开始处于上升阶段，但数值仍小于1994年的数值。

第二，通过建立VAR模型，对我国城乡居民旅游消费差距和收入差距间的动态影响进行了脉冲响应函数分析和方差分解，得出以下主要结论：①运用JJ协整检验模型得出城乡居民旅游消费差距和收入差距间存在着长期的均衡关系，收入差距对旅游消费差距有着正向影响。②在整个考察期内，城乡收入差距对旅游消费差距具有正向的、持久的影响，随着收入差距的扩大，旅游消费差距也会扩大。城乡旅游消费差距对其自身一个标准差信息冲击的响应路径也为正，且呈现逐渐上升的趋势，但并不显著，目前的城乡旅游消费差距将导致未来旅游消费差距进一步扩大。③通过方差分解技术可知，对居民旅游消费差距贡献率最大的是自身因素的变化，但其自身贡献率呈现逐年递减趋势。收入差距对旅游消费差距变化的贡献呈现不断上升的趋势，到第20期时已上升到14.6391%，从另一侧面证实了收入差距对旅游消费差距的正向、持久的影响。

第三，通过建立的计量经济学模型的回归结果可以判断出旅游消费差距和经济发展水平间的关系为倒N形曲线，并没有表现出库兹涅茨式的倒U形曲线。表明目前我国的旅游消费差距呈现出随着经济的发展，城乡居民旅游消费差距在扩大，之后呈现下降的趋势，最后又呈现上升的趋势。

第四，我国国内旅游消费的区域总差异呈现逐年下降的趋势，表明各地区之间的旅游消费差距在逐步缩小。旅游消费的区域差异主要来自于区域内的差异，其对总差异的贡献率在逐渐增大，而区域间差异的贡献率在逐渐减少。

从区域内差异来看，东部、中部和西部的内部差异均呈现逐渐下降趋势，东部内部差异的数值要大于西部和中部，中部的数值是最低的。一方面表明东部内部各省份之间的旅游消费的差异要大于西部和中部；另一方面也表明三大区域内部各省份之间的旅游消费的差异在不断缩小，旅游消费朝着均衡化的方向发展。

第五，从全国范围来讲，城镇居民旅游消费变异系数呈现逐渐上升趋势。一方面表明，我国地区间城镇居民旅游消费差距在不断扩大；另一方面表明，在一些特殊时期，如2003年"非典"和2008年美国金融危机对各地区城镇居民旅游消费均有较大影响且影响程度不同，导致了这些特殊时期各地区城镇居民旅游消费差异比较明显。从三大区域内部看，东中西部城镇居民旅游消费变异系数有不同程度波动，但近几年，东中西部三大区域城镇居民旅游消费的区域差异有逐步扩大的趋势。西部各地区间的城镇居民旅游消费的差距要大于东部和中部的差距。

第六，东部内部农村居民旅游消费差异呈现下降趋势，而中西部是先升后降趋势。从具体数值上来说，东部内部差异要大于中部和西部。一方面表明东部各省份间农村居民旅游消费差距在不断缩小，而中部和西部在逐渐扩大；另一方面，虽然东部各省份旅游消费差异在逐步缩小，但东部的差异仍然要大于中部和西部各省份间的差异。从全国范围来看，农村居民旅游消费差异总体上呈下降趋势，这种差异的缩小主要归功于区域内差异，区域内的不均衡大于区域间不均衡。

第七章 国内旅游消费影响因素分析

西方消费理论是经济学家们对消费现象长期研究后获得的宝贵成果，揭示了市场经济下消费的一般规律，适用于采用市场经济体制的不同国家、不同地区、不同产业的消费状况研究。改革开放之前我国属于计划经济体制，西方的消费理论并不适合。而改革开放之后，我国正处于从计划经济向市场经济过渡的时期，有一些消费理论可以解释我国的一些消费现象。那么，旅游消费作为消费的重要组成部分，西方的消费理论同样适用于旅游经济的研究，西方消费理论中的研究思路、分析方法对于研究旅游消费具有重要的启迪作用。因此，西方的消费理论可以作为旅游消费的理论基础，但考虑旅游经济的特别要素，以及我国旅游消费的发展现状，本书认为有必要构建一个适合于我国国内旅游消费的理论框架体系，从而更好地指导旅游消费实践。因此本书首先提出一个属于概念性模型的国内旅游消费模型，然后用实证分析来验证该理论模型是否可行。概念性模型是一种方法，这种方法为人们将复杂问题简单化提供了一种有效的思维方式。

第一节 国内旅游消费影响因素的理论模型架构

一、理论模型架构

虽然旅游需求和旅游消费并不相同，但是影响旅游需求的因素对旅游消费同样会产生影响。因此，本文依据西方的消费理论，借鉴目前已有的关于旅游需求影响因素的研究，构建国内旅游消费的理论模型。模型的函数形式如下：

$$C = f(I(X), T, F, P, E) \tag{7.1}$$

模型（7.1）中，C 表示国内旅游消费，方程右边表示影响国内旅游消费的因素，包括直接因素和间接因素，间接因素通过直接因素而起作用，两者之间的关系不是并列的，而是嵌套关系。直接因素包括收入水平（I）、闲暇时间（T）、消费信心（F）、产品价格（P）和不寻常事件（E）。这几个因素可以说是并列关系，直接影响着居民的旅游消费。X表示间接因素,主要包括利率、收入和支出的不确定性、收入分配制度、城乡收入差距,从本质上来说,这几个间接因素都是从属于收入直接因素的,因为如果这些因素发生变化,从某种程度上都会影响到居民的收入水平,使其发生变化,再影响到旅游消费。因此,在模型(7.1)中这几个间接因素和收入的关系表示为$I(X)$,表明收入是受这些因素影响的。

而以往的研究把所有影响国内旅游消费的因素视为等同关系一起列入模型,没有分清哪些因素是直接影响,哪些因素是间接影响,可能导致最后仍不能找出最根本的影响因素。同时还会给实证分析带来一系列问题。因为目前学者们大多运用计量经济学模型进行实证分析,计量经济学模型中解释变量的个数不宜太多,一般为2~4个。如果解释变量太多就会产生多重共线性问题,影响参数估计结果的准确性。如果遵循计量经济学模型的一些假定,只把2~4个认为重要的变量纳入模型,又不能刻画剩余的影响因素对国内旅游消费的影响程度和方向。即使建立计量经济学模型中遵循从一般到简单的建模原则,一开始把数量比较多的影响因素列入模型,但也由于模型假定的限制,回归到最后也只能剩下几个主要的影响因素,会与所建立的理论模型不一致,不能明确表达出没有包含在模型中的影响因素对国内旅游消费的影响。而本书构建的理论模型对影响国内旅游消费的影响因素进行了分层,而在进行实证分析时利用计量经济学模型进行分阶段回归,可以表达出所选择的因素对国内旅游消费的影响。因此,本书提出的国内旅游消费影响因素模型为研究国内旅游消费提供了一个方向性的建议。当然这种方法也适用于其他经济变量的影响因素的分析。

二、影响因素的阐释

(一)直接影响因素

1. 收入水平

可支配收入水平是消费水平的直接影响因素,其会影响消费需求的满足程度,从而决定着消费结构的变化。根据马斯洛的需求层次理论,人的需求层次由"生理上的需求""安全上的需求""感情上的需求""受尊敬的需求"和"自我实现的需求"五个等级组成,每一级需求实现都需要先满足较低层次的需求。旅游属于较高层次的消费需求,只有当旅游者的收入达到较高水平,基本生活消费得到满足后才会出现。

2. 闲暇时间

与其他经济活动相比,旅游是一项异地活动,当人们的可自由支配收入达到相当水平后,必须拥有足够的闲暇时间,才有可能外出旅游。它不仅需要一定的经济实力支持,还需要有足够的闲暇时间,受时间约束更为明显,可以说闲暇时间是旅游消费需求产生的重要条件。在旅游活动中,由于消费对象在异地,旅游消费者只能在自己的闲暇时间才能进行旅游活动，因此，闲暇时间在整个旅游消费活动中比其他商品更具有约束作用。另外，闲暇时间的私有化和商品化是旅游经济得以形成的重要条件，只有当人们为他们闲暇时间的消费付费时，旅游经济才能形成，时间在经济运行中的重要作用是旅游经济区别于其他类型经济的重要标志之一。闲暇时间的多少与一个社会的经济发展水平密切相关，经济越发达，生产率水平越高，用于满足社会需要的物质资料生产所需要耗费的社会必要劳动生产时间越少，闲暇时间就越多。

3. 消费者信心

消费者信心是旅游业强劲发展的重要因素，对旅游消费数量的影响具有举足轻重的作用。消费者信心较高，则旅游业将更加繁荣，旅游消费数量也会上涨，相反如果消费者信心不足，则旅游业的发展比较困难。

4. 价格水平

经济学理论认为商品或服务的价格以及其他相关商品或服务的价格是影响消费者需求最重要的决定因素。商品或服务本身的价格与需求通常呈反比关系，即价格越高，需求越小，反之亦然。旅游产品价格的变化同样影响着旅游者的消费数量和消费结构。由于旅游产品的需求弹性大，当旅游产品的价格上涨而其他条件不变时，人们就会减少旅游消费而增加其他替代商品的消费，使旅游消费受到很大影响；反之，当旅游产品价格下跌，或者旅游价格不变而增加了旅游产品的内容，人们又会增加旅游消费而减少其他消费。

5. 不寻常事件

不寻常事件包括重大节事活动和突发事件。重大节事活动是指在常规活动之外发生的一次性或非经常性的主题活动，如奥林匹克运动会、世博会、APEC 会议、嘉年华、旅游节等活动。重大事件通常有一定的期限并且主题具有唯一性。大多数的重大节事有庆祝性的或节日性的氛围。另外，重大节事还包含显著的公共元素，因为组织者经常会发动当地的群众参与其中。重大节事活动通常被视为吸引游客、提高和改变目的地形象的法宝。无论是节日型的、运动竞赛型的或政治会议型的重大活动，都会带来铺天盖地的媒体报道，这种对目的地的宣传与推广是其他方式所无法替代的。

旅游业与其他服务业相比具有天生的脆弱性，容易受到突发事件的影响。影响旅游业正常发展的突发事件包括安全性事件、社会性事件、政治性事件、自然性事件、经济性事件等。比如，社会动乱、金融危机、局部战争、自然灾害、传染性疾病等事件都会增加旅游者的不安全性，阻碍旅游者的出游，从而影响旅游业的正常发展。

（二）间接影响因素

1. 不确定性

中国经济在转轨过程中产生了大量的不确定性，包括收入的不确定性和支出的不确定性，不确定性的产生，使居民产生了强烈的风险防范意识，对旅游消费呈现谨慎态度。

（1）收入的不确定性

城镇居民中被人们视为持久性收入的较为稳定的工资收入在总收入中所占比重不断下降，这意味着除工资收入外的其他劳动收入不断增加，这部分收入往往具有不稳定性，因此城镇居民面临的收入不确定性强。而农村居民中，工资性收入的比重在不断上升，面临的收入不确定性在减少，但与城镇居民相比，农村居民稳定的工资性收入比重要远远低于城镇居民。

（2）支出的不确定

在改革开放之前我国实行的是一种"从摇篮到坟墓"的终生保障体制，广大居民的人均收入虽然很低，但由于无须担忧未来的"生老病死"，因此敢于消费。在改革开放之后，我国逐步建立了市场导向型的具有中国特色的社会保障体系，使得原本由国家单一负担的保障体制改变成了由政府、社会、个人共同负担的新型保障体制。进入20世纪90年代中后期，我国经济体制改革进入了一个新阶段，一些福利制度诸如医疗保障制度、养老保险制度、住房制度以及教育制度等由市场化的制度所取代，不仅增强了居民的支出水平，也加大了居民支出的不确定性。由于旧的社会福利制度"破"的速度大于新型保障制度"立"的速度，使得居民从社会保障中所获得的安全感被不确定性所取代，从而导致消费减少，储蓄增加，来为未来保险。由于对未来支出不明确性预期从而对消费采取了更为审慎的态度。

2. 收入分配制度

所谓国民收入分配结构是指国民收入在政府、企业、居民之间的分配情况。目前国民收入分配结构中，居民收入比重过低，劳动报酬增长较慢。近年来，虽然我国的国民生产总值连年高速增长，居民可支配收入占人均GDP的比重却出现逐渐下降趋势，而政府和企业的可支配收入在国民收入分配结构中的比重逐渐上升，进入21世纪后，政府可支配收入占GDP比重已经突破20%，而居民可支配收入占GDP比重却下降到2016年的43.5%。

虽然我国城乡居民收入增速也在逐步提高，但仍然大大低于同期财政收入的增长幅度，在个别年份（2006年、2007年）的差距甚至超过10%。财政收入的加快增长使得其占GDP的比重呈现单方面的增加。

3. 利率

利率的改变会带来对储蓄的收入效应和替代效应。收入效应是指如果利率提高使利息增加，从而增加预期收入以及将来的消费能力，因此，人们会增加当前的消费，减少储蓄。替代效应是指如果利率提高，消费的机会成本增加，人们会减少消费而增加储蓄。利率提高到底是减少消费还是增加消费取决于两种效应的大小。这两种效应关系的对比还取决于社会的收入分配。一般对于低收入者而言，替代效应会大于收入效应，而对高收入者而言，收入效应会大于替代效应，因此从全社会角度看，利率的提高对消费的影响取决于不同收入层次的人们增加或减少储蓄的正负净额加总，或者说取决于国民收入的分布结构。

4. 城乡收入差距

中国的经济体制改革已经进行了30多年了，在这一过程中，人们的生活发生了翻天覆地的变化，在我们享受着改革成果的同时，也不得不接受改革所要付出的代价。我国居民收入分配的格局发生了很大的变化，城乡居民之间收入差距明显的呈现扩大的趋势。随着收入差距的不断扩大，势必会打消农民的生产积极性，从而影响到其收入的增加以及消费支出的增加。

第二节　国内旅游消费影响因素的实证分析

一、变量和样本的选取

由于我国二元经济的结构特征，城镇居民和农村居民的旅游消费特征明显不同，因此，本书分别对城镇居民和农村居民的影响因素进行研究。由于国家旅游局1993年起委托国家统计局对国内旅游的数据进行统计，1993年之前的数据与1993年之后的数据统计口径不一致，因此只采用1993年之后的数据，本书研究的样本期为1994—2017年。

（一）城乡居民国内旅游消费

反映国内旅游的指标有四种：国内旅游总人数、出游率、国内旅游总花费和人均消费。本书中的旅游消费是总需求的组成部分，也是GDP的组成部分，总人数与出游率都无法体现其与GDP的直接关系，旅游人均消费是参加国内旅游人群的平均消费，并没有以全部人口作为基准，与其他人均指标没有可比性，只有旅游总花费是GDP的直接组成部分，可以换算成人均消费以获取与其他指标之间的可比性。因此，本书分别采用城镇居民和农村居民国内旅游花费数据作为模型的因变量，分别用UC和RC表示，数据来源于历年《中国旅游统计年鉴》。

（二）收入水平

本书中的收入水平选择城镇居民的人均可支配收入和农村居民的人均纯收入。城镇居民的人均可支配收入和农村居民的人均纯收入指个人收入扣除向政府缴纳的个人所得税、个人缴纳的社会保障支出以及交给政府的非商业性费用等以后的余额，是居民实实在在可以用于消费开支的收入,因而用来衡量居民收入水平的变化情况最为合适。一般来说,城乡居民可自由支配收入同旅游消费之间存在着正相关关系,可自由支配收入越高,则对旅游产品需求量也越多,旅游消费数额也就越大。为了消除物价的影响,采用居民消费价格指数予以去除。收入水平用 I 表示,数据来源于历年《中国统计年鉴》。

（三）闲暇时间

目前,我国实行的是集中的休假制度,其中公共假日和带薪休假是人们出游的主要选择。国务院于1994执行的"一周单休,下一周双休"的制度,1995年执行双休日制度,1999年执行"黄金周"制度。2008年之后对公共假日进行了调整,调整为"十一"、春节两个黄金周,"五一""清明""端午""中秋"四个小长假。这里值得注意的是,虽然我国《劳动法》规定国家实行带薪休假制度,事实上仅限于机关工作人员和部分企事业单位,但却没有得到推广和执行。因此,本书城乡居民闲暇时间计算没有把带薪假期计算在内。闲暇时间计算公式如下：

年闲暇时间 =（每周法定休息天数 * 每年周数（51）+ 国家法定假期天数）*24

闲暇时间的单位可以是周数、天数和小时数,本书按照国际惯例采用小时为单位,闲暇时间用 T 表示。具体闲暇时间的计算结果见表 7-1。

表 7-1 城乡居民年闲暇时间表

单位：小时

年份	年闲暇时间
1994	1896
1995	2472
1996—1998	2616
1999—2007	2688
2008—2017	2712

（四）消费信心

城乡居民人民币储蓄存款是反映消费者信心的一个重要因素,如果消费者在解决了住房、养老、医疗等基本生活问题之后,对生活保障无后顾之忧,那么肯定会将更多的钱用于旅游等层次较高的消费。城乡居民人民币储蓄存款测量了消费者的消费信心及消费能力。储蓄存款越高,则用于旅游消费的花费会越多。消费信心用城乡居民储蓄存款来表示,随着储蓄存款的增加,居民则用于旅游消费的花费会越多。消费者信心用 CO 表示。数据来源于历年《中国统计年鉴》。

（五）价格水平

旅游者进行的旅游活动是涵盖了吃、住、行、游、购、娱等多方面,是商品和服务的集合体。旅游产品的价格并不单指交通费用、餐饮消费、旅游景点的门票，或者在旅行社缴纳的团费，而是与旅游六要素有关的所有费用的总和。因此，旅游产品价格不同于一般产品的价格，有其特殊性和复杂性。最理想的方法是编制旅游产品价格指数，国外学者曾经做过旅行价格指数、航空指数、特殊服务指数等等，但大都没有被广泛应用。国内学者也曾尝试编制旅游产品价格指数，但都没有进行深入的研究（汪在涵，2000）。本书采用CPI作为旅游产品价格的替代，为了保持数据可比性，将1994年作为基期进行调整，价格水平用P表示。

（六）不寻常事件

我国国内旅游的发展进程中经历过许多突发事件，但规模和影响比较大主要是2003年的SARS。因此，本书用虚拟变量来反映突发事件对城乡居民旅游消费的影响。本书中把SARS发生的2003年取值为"1"，其余年份取值为"0"。不寻常事件用E表示。

（七）不确定性

城镇和农村居民收入的不确定性用城乡居民工资性收入来表示，支出的不确定性用城镇居民和农村居民参加养老保险的比例来指代不确定性。城镇居民和农村居民参加养老保险的人数、城镇居民总人口数和农村居民总人口的数据来自于历年《中国统计年鉴》。用RI表示。

（八）利率

本文采用的利率为中国人民银行公布的居民存款活期利率。单位为%，数据来源于《中国统计年鉴》。利率用R表示。

（九）收入分配制度

为了反映收入分配制度对国内旅游消费的影响，本文选取财政收入指标来反映收入分配制度，即政府的财政收入越高，可能居民的收入就会受到影响，进而会影响到旅游消费。收入分配制度用ID表示。

（十）城乡收入差距

城乡居民收入差距由城镇居民人均可支配收入与农村居民人均纯收入相比求得。为了消除价格波动影响，对城乡居民的收入与消费数据分别使用GDP平减指数（1994年为基期）和城乡居民消费价格指数（1994年为基期）进行了处理。城乡收入差距用IC表示。

二、主要变量的描述性统计

城乡居民国内旅游消费影响因素模型的主要变量的描述性统计结果见表7-2。从表中可以看出，有些指标的标准差比较大，说明数据比较分散。第一个是收入分配制度（ID），即财政收入，最大值和最小值分别为 117253.5 和 5218.1，均值为 36918.18，标准差为 34593.03。第二个是城镇居民人均可支配收入（VI），最小值为 3496.200，最大值为 24564.70，均值为 10645.86，标准差为 6342.235。第二类指标的标准差相对比较小，表明了数据相对比较集中。这些指标有城乡居民收入差距（IC），最小值为 2.468900，最大值为 3.332800，均值为 2.994237，标准差为 0.304908；利率（R）的最大值为 3.150000，最小值为 0.360000，平均值为 1.180526，标准差为 0.922451。从这些变量的描述性统计结果看，数据都比较分散，符合模型的基本要求，可以建立模型。

表 7-2 变量的描述性统计

变量	平均值	最大值	最小值	标准差	观察值
RI	17279.75	30426.80	10573.50	6197.181	24
ID	36918.18	117253.5	5218.100	34593.03	24
IC	2.994237	3.332800	2.468900	0.304908	24
S	141974.1	399551.0	21518.80	113414.5	24
P	137.0842	169.4000	100.0000	16.68353	24
R	1.180526	3.150000	0.360000	0.922451	24
UC	4757.216	17678.00	848.2000	4659.241	24
T	2629.895	2712.000	1896.000	186.8160	24
VI	10645.86	24564.70	3496.200	6342.235	24
RI	3450.011	7916.600	1221.000	1885.416	24
RC	1711.905	5028.200	175.3000	1399.009	24
W	1258.937	3447.500	263.0000	912.5763	24

数据来源：根据本书中的数据计算得到。

三、国内旅游消费影响因素的实证分析

根据（7.1）的理论模型，本章主要应用计量经济学模型进行实证分析。分为两个阶段建立计量经济学模型：第一阶段，首先是以居民的收入水平为因变量，以利率、收入和支出的不确定性、收入分配制度和城乡居民收入差距为因变量建立计量经济学模型进行回归，分析这些因素对收入的影响，得到居民收入的估计值；第二阶段，以居民国内旅游消费水平为因变量，以价格、闲暇时间、产品价格、突发事件以及收入的估计值作为自变量建立计量经济学模型进行回归。通过分阶段回归，可以更好地分析这些因素对城乡居民国内旅游消费的影响程度和方向，可以避免以往模型的某些变量的遗失和舍弃，估计的结果也更加稳健和可靠。同时，为了避免"伪回归"和保障研究结论的稳健性，对一些变量进行了对数化处理。本书中模型中参数的估计都是在

Eviews 软件中完成的（高铁梅，2009）。

（一）城镇居民旅游消费影响因素分析

1. 第一阶段回归

第一阶段的回归主要是收入对其影响因素的回归，主要包括不确定性、利率、城乡收入差距和收入分配制度，对于城镇居民来说，由于收入的不确定性，本书中用工资性收入来表示，但统计年鉴中的数据是从 2000 年统计的，时间序列太短，因此没有采用。一般来说，对于时间序列数据来说，在建立模型之前，应对变量的平稳性进行检验，避免"伪回归"的出现。本书中变量的平稳性检验用 ADF 检验法，检验结果见表 7-3。

表 7-3　变量的单位根检验结果

变量	ADF 值	1% 临界值	5% 临界值	10% 临界值	结论
lnUI	4.3336	−3.9203	−3.0655	−2.6735	非平稳
D（lnUI）	1.2814	−3.9591	−3.0810	−2.6813	非平稳
D（lnUI，2）	−5.1427	−3.9591	−3.0810	−2.6813	平稳
lnRI	−2.6734	−3.8573	−3.0403	−2.6605	非平稳
D（lnRI）	−1.0490	−3.8867	−3.0521	−2.6666	非平稳
D（lnRI，2）	−4.2744	−3.9591	−3.0810	−2.6813	平稳
Ln（ID）	0.4222	−3.9591	−3.0810	−2.6813	非平稳
D（lnID）	2.4289	−3.9591	−3.0810	−2.6813	非平稳
D（lnID，2）	−8.8724	−3.9591	−3.0810	−2.6813	平稳
Ln（IC）	−2.2239	−3.8867	−3.0521	−2.6665	非平稳
D（IC）	−2.0206	−3.8867	−3.0521	−2.6665	非平稳
D（IC，2）	−3.5902	−3.9203	−3.0655	−2.6735	平稳
Ln（R）	−2.6878	−3.8573	−3.0403	−2.6605	非平稳
D（R）	−3.1233	−3.8867	−3.0521	−2.6665	非平稳
D（R，2）	−7.6562	−3.9591	−3.0810	−2.6813	平稳

由表 7-3 可知，这些变量的原序列和一阶差分序列都是非平稳序列，而二阶差分序列为平稳序列，表明这些变量均为二阶单整，符合协整检验的前提条件，可以进行协整分析。本书中采用 E-G 两步法进行协整分析，结果如下（括号中的数值为 t 值）：

$$\text{LOG（UI）} = 2.2991 + 0.0313 * \text{LOG（R）} - 0.5983 * \text{LOG（ID）} - 0.1141 * \text{LOG（RI）}$$
　　　　　　　（2.6028）　（1.9869）　　　　　（10.7107）　　　　　（2.7858）

$$- 0.2973 * \text{LOG（IC）} \tag{7.2}$$
　　　　（−3.0504）

$R^2=0.9984$,调整后的 $R^2=0.998$,$F=2264.553$,$DW=1.9225$

从回归结果可以看,模型的拟合优度为 0.9984,调整后的拟合优度为 0.998,F 值也很高,表明整体方程拟合效果很好。DW 值为 1.9225,表明不存在序列相关。各个变量的 t 值都很高,表明变量的显著性检验通过,说明这些变量对城镇居民人均可支配收入的影响是显著的。

由回归结果看,利率对城镇居民人均可支配收入的影响为正,表明随着利率的增加,人们可能会增加储蓄,从而增加收入。财政收入变量前的回归系数为负,表明收入分配制度对城镇居民人均可支配收入的影响是负的,表明政府手中的收入越多,分配给居民的就会相应减少。不确定性对收入的影响也是负的,表明随着城镇居民养老保险人数的增加,居民用于养老保险的支出增加,相应地收入就会减少。城乡收入差距对收入的影响也是反向的,表明城乡居民收入差距越大,不利于城镇居民收入的增加。从回归数值来看,收入分配制度对收入影响最大,其次是城乡收入差距,排在第三位的是不确定性,最后是利率。

2. 第二阶段回归

第二阶段回归是以城镇居民国内旅游消费为因变量,以闲暇时间、产品价格、突发事件、消费信心以及收入为自变量,其中收入是利用第一阶段城镇居民人均可支配收入的估计值来代替。同样,在进行回归之前要进行变量的平稳性检验,检验结果见表 7-4。

表 7-4 变量的单位根检验结果

变量	ADF 值	1% 临界值	5% 临界值	10% 临界值	结论
lnUC	3.1485	−3.8573	−3.0403	−2.6605	非平稳
D(lnUC)	3.1485	−3.8867	−3.0521	−2.6665	非平稳
D(lnUC, 2)	−5.2869	−3.9203	−3.0656	−2.6735	平稳
lnP	−1.2554	−3.8573	−3.0403	−2.6605	非平稳
D(lnP)	−3.0521	−3.8867	−3.7876	−2.6665	非平稳
D(lnP, 2)	−5.3739	−4.0579	−3.1199	−2.7011	平稳
Ln(S)	9.0937	−3.8573	−3.0403	−2.6605	非平稳
D(S)	−0.3195	−3.8867	−3.0521	−2.6665	非平稳
D(S, 2)	−5.3046	−3.9203	−3.0655	−2.6734	平稳
Ln(T)	−2.2862	−4.0579	−3.1199	−2.7011	非平稳
D(T)	−3.0655	−3.9203	−3.5174	−2.6734	非平稳
D(T, 2)	−4.5358	−4.0044	−3.0988	−2.6904	平稳

由表 7-4 可知,这些变量的原序列和一阶差分序列都是非平稳序列,而二阶差分

序列为平稳序列,表明这些变量均为二阶单整,符合协整检验的前提条件,可以进行协整分析。本书中采用 E-G 两步法进行协整分析,结果如下(括号中的数值为 t 值):

$$\text{LOG}(UC) = -12.8727 + 1.3341*\text{LOG}(UI_1) + 0.6075*\text{LOG}(T) - 0.1031*E$$
$$(-2.8325) \quad (2.4334) \qquad\qquad (-2.8019)\ (-3.7150)$$
$$-0.0157*\text{LOG}(P) + 0.1231*\text{LOG}(S) \qquad\qquad (7.3)$$
$$(2.2865) \qquad\quad (-3.2120)$$

$R^2=0.9844$,调整后的 $R^2=0.9784$,$F=164.6195$,$DW=2.8277$

从回归结果可以看出,模型的拟合优度为 0.9844,调整后的拟合优度为 0.9784,F 值为 164.6195,也很高,表明整体方程拟合效果很好。DW 值为 2.8277,表明不存在序列相关。各个变量的 t 值很高,表明变量的显著性检验通过,说明这些变量对城镇居民国内旅游消费的影响是显著的。

对模型的残差的单位根检验结果表明,残差的 ADF 值为 -4.4455,均小于 1% 的临界值 -2.7081,5% 的临界值 -1.9628 和 10% 的临界值 -1.6061。表明残差序列为平稳序列,所建立的协整方程(7.3)通过了检验,表明这些变量和城镇居民国内旅游消费存在着协整关系。

由回归结果可以看出,城镇居民人均可支配收入、闲暇时间、消费信心对城镇居民国内旅游消费的回归系数为正,表明这三个变量对国内旅游消费的影响是正向的,即随着这些变量的增加,城镇居民国内旅游消费也会增加。从回归系数看,城镇居民人均可支配收入的回归系数最大,为 1.3341,表明收入每增加 1 个百分点,城镇居民旅游消费增加 1.3341 个百分点。其次是闲暇时间,其回归系数为 0.6075,表明闲暇时间每增加 1 个百分点,城镇居民国内旅游消费增加 0.6075 个百分点。消费信息的回归系数为 0.1231,即消费信心每增加 1 个百分点,城镇居民国内旅游消费将增加 0.1231 个百分点。这三个变量的回归系数不仅为正,而且对城镇居民国内旅游消费的影响也要大于产品价格和突发事件。产品价格和突发事件对城镇居民国内旅游消费的影响是负的,也就是说,随着价格的提高,城镇居民会减少旅游消费,这是符合需求规律的。突发事件对城镇居民国内旅游消费的影响要大于产品价格的影响,看来,人们更加注重旅游安全。

(二)农村居民旅游消费影响因素分析

1. 第一阶段回归

同样,对于农村居民来说,在第一阶段也是以农村居民人均纯收入为因变量,以利率、财政收入、城乡收入差距和不确定性为自变量进行回归,得出人均纯收入的估计值,再进行下一步的回归。由于我国农村居民养老保险比城镇居民推行得晚,还没有全面普及,因此关于支出的不确定性指标还不健全,因此,只有用农村居民的工资性收入来反映收入的不确定性。进行回归之前，同样用 ADF 对变量进行单位根检验，检验结果见表 7-5。

表 7-5 变量的单位根检验结果

变量	ADF 值	1% 临界值	5% 临界值	10% 临界值	结论
lnRI	2.1220	−2.7080	−1.9628	−1.6061	非平稳
D（lnRI）	0.7784	−4.0044	−3.0988	−2.6904	非平稳
D（lnRI，2）	−5.1427	−3.9591	−3.0810	−2.6813	平稳
Ln（ID）	0.4222	−3.9591	−3.0810	−2.6813	非平稳
D（ID）	2.4289	−3.9591	−3.0810	−2.6813	非平稳
D（ID，2）	−8.8724	−3.9591	−3.0810	−2.6813	平稳
Ln（W）	1.9383	−3.9591	−3.0810	−2.6813	非平稳
D（W）	−3.1730	−2.7175	−1.9644	−1.6056	非平稳
D（W，2）	−8.8724	−3.9591	−3.0810	−2.6813	平稳
Ln（IC）	−2.2239	−3.8867	−3.0521	−2.6665	非平稳
D（IC）	−2.0206	−3.8868	−3.0521	−2.6665	非平稳
D（IC，2）	−3.5901	−3.9203	−3.0655	−2.6734	平稳
Ln（R）	−2.6878	−3.8573	−3.0403	−2.6605	非平稳
D（R）	−3.1233	−3.8867	−3.0521	−2.6665	非平稳
D（R，2）	−7.6562	−3.9591	−3.0810	−2.6813	平稳

由表 7-5 可知，这些变量的原序列和一阶差分序列都是非平稳序列，而二阶差分序列为平稳序列，表明这些变量均为二阶单整，符合协整检验的前提条件，可以进行协整分析。本书中采用 E-G 两步法进行协整分析，结果如下（括号中的数值为 t 值）：

$$LOG（RI）= 2.8599+0.0614*LOG（R）-0.4774*LOG（ID）+0.2188*LOG（W）$$
$$（15.8603）（3.7976）\qquad（-5.1942）\qquad（2.3065）$$
$$-1.0612*LOG（IC） \qquad\qquad（7.4）$$
$$（2.1404）$$

R^2=0.9981，调整后的 R^2=0.9975，F=1850.478，DW=2.0225

回归结果表明，模型的拟合优度为 0.9981，调整后的拟合优度为 0.9975，F 值也很高，表明整体方程拟合效果很好。DW 值为 2.0225，表明不存在序列相关。各个变量的 t 值很高，表明变量的显著性检验通过，说明这些变量对农村居民人均可支配收入的影响是显著的。

由回归结果可以看出，利率对农村居民人均纯收入的影响为正，表明随着利率的增加，人们可能会增加储蓄，从而增加收入。财政收入变量前的回归系数为负，表明收入分配制度对农村居民人均纯收入的影响是负的，表明政府手中的收入越多，分配给农村居民的就会相应减少。不确定性对收入的影响是正的，表明农村居民工资性收入越多，纯收入也就越多。城乡收入差距对收入的影响也是反向的，表明城乡居民收入差距越大，不利于农村居民收入的增加。从回归参数数值来看，城乡收入差距对收入影响最大，其次是收入分配制度，排在第三位的工资性收入，最后是利率。

通过模型（7.2）和模型（7.4）的比较可以看出，收入分配方面的因素对城乡居民的影响都是比较大，对于城镇居民来说，收入分配制度因素要大于城乡居民收入差距，而对于农村居民来说，城乡收入差距的影响更大一些。利率对于城乡居民来说相比较其他影响因素，其对收入的影响程度要小一些。

2. 第二阶段回归

农村居民国内旅游消费影响因素第二阶段回归与城镇居民类似，只是以农村居民国内旅游消费为因变量，自变量保持不变。同样，在进行回归之前要进行变量的平稳性检验，检验结果见表7-6。

表7-6 变量的单位根检验结果

变量	ADF值	1%临界值	5%临界值	10%临界值	结论
lnUC	0.4094	−4.5715	−3.6908	−3.2869	非平稳
D（lnUC）	0.4094	−4.5715	−3.6908	−3.2869	非平稳
D（lnUC, 2）	−6.0397	−2.7282	−1.9662	−1.6050	平稳
lnP	−1.2554	−3.8573	−3.0403	−2.6605	非平稳
D（lnP）	−3.0521	−3.8867	−3.7876	−2.6665	非平稳
D（lnP, 2）	−5.3739	−4.0579	−3.1199	−2.7011	平稳
Ln（S）	9.0937	−3.8573	−3.0403	−2.6605	非平稳
D（S）	−0.3195	−3.8867	−3.05216	−2.6665	非平稳
D（S, 2）	−5.3046	−3.9203	−3.0655	−2.6734	平稳
Ln（T）	−2.2862	−4.0579	−3.1199	−2.7011	非平稳
D（T）	−3.0655	−3.9203	−3.5174	−2.6734	非平稳
D（T, 2）	−4.5358	−4.0044	−3.0988	−2.6904	平稳

由表7-6可知，这些变量的原序列和一阶差分序列都是非平稳序列，而二阶差分序列为平稳序列，表明这些变量均为二阶单整，符合协整检验的前提条件，可以进行协整分析。本书中采用E-G两步法进行协整分析，结果如下（括号中的数值为t值）：

$$LOG(RC) = -13.0429 + 1.3797*LOG(RI_1) + 0.1450*LOG(T) - 0.1031*E - 1.2581*P$$
$$(-2.3501)\quad(-2.2806)\qquad\qquad(2.8963)\qquad\qquad(-0.6057)\;(2.1764)$$
$$+1.0511*LOG(S) \qquad\qquad\qquad\qquad\qquad\qquad (7.5)$$
$$(0.2938)$$

$R^2=0.9681$，调整后的 $R^2=0.9559$，$F=79.0973$，$DW=2.3586$

从回归结果可以看出，模型的拟合优度为 0.9681，调整后的拟合优度为 0.9559，F 值也很高，表明整体方程拟合效果很好。DW 值为 2.3586，表明不存在序列相关。各个变量的 t 值很高，表明变量的显著性检验通过，说明这些变量对农村居民国内旅游消费的影响是显著的。

对模型的残差的单位根检验结果表明，残差的 ADF 值为 -4.5675，均大于 1% 的临界值 -2.7081，5% 的临界值 -1.9628 和 10% 的临界值 -1.6061。表明残差序列为平稳序列，所建立的协整方程（7.5）通过了检验，表明这些变量和农村居民国内旅游消费存在着协整关系。

回归结果表明，农村居民收入水平对国内旅游消费的影响是最显著的，且为正数，表明收入对国内旅游消费的影响是正向的，其回归系数表明，农村居民收入每增加 1 个百分点，农村居民国内旅游消费将增加 1.3797 个百分点。其次是价格水平，其回归系数为 -1.2581，表明价格上升 1 个百分点，农村居民国内旅游消费将减少 1.2581 个百分点，表明农村居民对价格的变化还是很敏感的。第三是消费信心，回归系数为 1.0511，表明随着农村居民储蓄存款的增加，消费信心也会逐渐增强，用于旅游消费的支出也会相应增加。第四是闲暇时间，其对农村居民国内旅游消费的影响也是正的，但回归系数相对较小，表明闲暇时间对于农村居民来说约束不是很大。第五是突发事件，其影响系数为负，表明农村居民也会考虑到旅游安全的问题，但与其他变量比较，农村居民认为旅游安全不是影响其旅游消费的主要因素。

通过模型（7.3）和模型（7.5）的比较可知，收入水平都是影响城乡居民国内旅游消费最重要的因素，但对于农村居民的影响更大些。而闲暇时间对于城镇居民的影响要大于农村居民，因为城镇居民出游主要集中在公共假期。农村居民对价格的敏感程度要大于城镇居民。同样消费信心对农村居民的影响也要大于城镇居民。突发事件对城镇居民的影响要大于农村居民，表明城镇居民出游时对发生的一些不寻常事件可能更看重一些。

第三节 本章小结

本章首先根据西方的消费函数理论，结合旅游消费的特点，提出了国内旅游消费影响因素的理论模型，该模型不同于以往的模型之处主要在于把影响国内旅游消费的因素进行了层次划分，分为直接影响因素和间接影响因素，间接影响因素通过对直接影响因素的影响而产生对国内旅游消费的影响。直接影响因素包括：收入水平、闲暇时间、消费信心、产品价格和突发事件。间接影响因素本书主要考虑了对收入的影响因素，包括：利率、不确定性、收入分配制度、城乡收入差距等因素。其次，在理论模型的基础上，考虑到我国二元经济特性，运用计量经济学模型分别对我国城镇和农村居民国内旅游消费影响因素进行了实证分析。根据理论模型的特点，进行实证分析时建立了两个阶段回归模型，第一阶段是对城乡居民的收入水平进行回归，得出其估计值，把它作为第二阶段国内旅游消费影响因素回归时的一个因变量。这样的回归过程可以保证所选择的影响因素对旅游消费的影响，使回归结果更加可靠。具体的回归结果表明如下。

第一阶段回归结果表明：收入分配方面的因素对城乡居民的影响都比较大，对于城镇居民来说，收入分配制度因素要大于城乡居民收入差距，而对于农村居民来说，城乡收入差距的影响更大一些。利率对于城乡居民来说相比较其他影响因素，其对收入的影响程度要小一些。

第二阶段回归结果表明：收入水平都是影响城乡居民国内旅游消费最重要的因素，只是对于农村居民的影响更大一些。而闲暇时间对于城镇居民的影响要大于农村居民，因为城镇居民出游主要集中在公共假期。农村居民对价格的敏感程度要大于城镇居民。同样消费信心对农村居民的影响也要大于城镇居民。突发事件对城镇居民的影响要大于农村居民，表明城镇居民出游时对发生的一些不寻常事件可能更看重一些。

第八章 国内旅游消费发展趋势预测

第一节 世界旅游业发展趋势

随着世界经济的纵深发展、交通工具的不断创新、国际交往范围的逐渐扩大、人与人之间的交流日趋频繁与深化以及未来的旅游安全和旅游目的地的社会稳定和谐，国际旅游产业在带动国民经济发展、缩小地区发展差异、促进各国合作、扩大国际影响力以及提升人民生活品质、推动就业与创汇等许多方面的作用与价值将会日益凸显。预计到2020年，旅游业对GDP、就业的直接贡献将分别达到3%与3.5%，2030年贡献率有望提升到3.2%与3.7%。旅游投资将以5%的年均增速发展（蒋艳霞，2013）。今后世界旅游业发展将呈现以下的新趋势和新特点。

一、加快发展旅游业成为很多国家的战略决策

越来越多的国家把发展旅游业上升到国家战略的地位，作为参与国际竞争的重要平台，旅游业已经成为各国应对经济危机、促进经济复苏、培育新经济增长点的重要手段。美国发布了国家旅游发展战略，提出了促进旅游业发展的一系列措施，包括针对中国游客的签证便利化措施，同时还增派了50名的领事官员来华工作。俄罗斯政府也批准了2011—2018年的发展旅游业目标计划。西班牙政府通过"旅游促进计划"，决定2008—2020年年均投入15亿欧元，用于促进旅游业发展。墨西哥将"国家旅游发展计划"列为法律。日本实施"观光立国"战略，韩国提出"国民观光职业化"，马来西亚提出"马来西亚，真正的亚洲"国家旅游宣传口号。中国把旅游业定位成了战略性的支柱产业和现代服务业来加以培育，出台了《旅游法》。

二、世界旅游业的发展重心逐步东移

20世纪70年代以前，欧美地区是最为主要的旅游目的地，吸引了全球超过85%的入境过夜客源。随着亚太地区20世纪80年代旅游业日益崛起，世界旅游格局开始发生新的变化，欧美市场份额逐渐下降。2010年之后，亚太地区已经取代美洲成为第

二大国际旅游目的地。由于亚太地区对旅游业发展重视程度的不断加强,旅游投资的大举进入将优化地区接待水平,同时本地区的区域旅游需求逐渐加大,世界旅游发展重心将继续东移。预计到2030年,亚太地区接待的入境过夜游客将从目前的2.18亿人次增长到5.35亿人次,在全球旅游市场中的份额也将相应由22%上升到30%。而欧美地区的比重将由67%下降至55%。

三、新兴经济体客源地功能崛起

受惠于经济的持续高速增长,新兴经济体消费水平提升显著,特别是中等收入群体迅速扩大,产生了巨大的出境旅游需求。其中,以"金砖四国"的发展最具代表性。中国、巴西、印度、俄罗斯四国出境人次与消费支出近年来大幅度增长。2017年,中国公民出境旅游人数达到1.31亿人次,旅游花费1153亿美元,分别比上年增长7%和5%。除印度外,其余三国已经出现旅游服务贸易逆差,且逆差呈现不断扩大的趋势,这充分说明,以"金砖四国"为代表的新兴经济体客源地功能正在崛起。可以预计,新兴经济体未来将成为世界主要的出境客源国,也将成为世界旅游经济平稳运行的重要动力。

四、各国注重相关资源整合,形成"大旅游"的发展格局

欧美一些旅游强国都非常重视旅游相关资源的整合,重视将旅游业与大型文化交流、体育赛事、文物古迹和遗址保护、商品博览交易会等活动结合起来,形成一个大的产业群、产业链。同时,旅游业作为第三产业,本身与交通运输业、酒店业、餐饮业等关系十分密切。"大旅游"的发展,对一个国家的国民经济、社会建设、人的素质的提高都有好处。为此,各国政府普遍加大与旅游业相关的公共投资力度,用于改善道路交通、环保设施、文物保护和开发、旅游教育和科研、景点开发、景区度假区环境和辅助设施建设等方面。同时,各国普遍重视强化旅游商品开发,严厉打击各种侵害游客购物消费权益的不法行为,营造公平透明、友好舒适的旅游购物环境。

五、旅游市场进一步细化

1. 旅游市场个性化

在旅游者追求个性化的浪潮下,各种新颖独特的旅游方式将应运而生,旅游方式将会朝个性化、自由化的方向发展。未来散客旅游特别是中短距离区域内的家庭旅游份额将逐步增加。旅游者在旅游中追求更多的参与性和娱乐性,那些富有情趣活力、具有鲜明特点的旅游场所,那些轻松活泼、寓游于乐、游娱结合的旅游方式,将受到越来越多旅游者的追捧。

2. 旅游市场需求多元化

除了传统的观光旅游、度假旅游和商务旅游这三大主导旅游项目和产品外，旅游者开始追求一些特殊旅游或者专题旅游，如宗教旅游、探险旅游、考古旅游、修学旅游、民族风俗旅游等，旅游市场需求将更趋多元化。据UNWTO预测，以休闲、娱乐和家庭为目的出行游客数量将保持3.3%的年均增长速度，探亲、就医、宗教等其他目的年均增长速度为3.5%，商务和工作目的年均增长速度为3.1%。到2030年，以休闲、娱乐和度假为目的出行的游客数量占国际入境游客总数的54%，因探亲、求医、宗教为目的出行的为31%，因商务和工作原因出行的为15%。

3. 旅游市场短距化

尽管国际金融危机对世界旅游发展的影响在持续，但是刚性的旅游需求仍在不断释放，将以短距离旅游代替中长距旅游的形式出现，更多的区域内部流动将取代区际流动。到2030年，区域内部游客将成为入境旅游的主要客源，区域内部和区际游客的数量将分别达到14亿人次和4亿人次，占总量的78%和22%。在亚太等出境游客快速增长的区域，区域内游客数量的份额将由2010年的78%上升到2030年的80%。

4. 旅游市场老龄化

老龄化是全球性问题。按照联合国现行标准，一个国家60岁以上老年人口占总人口的比例超过10%（或65岁以上老年人口占总人口比例超过7%）即进入老龄化社会。发达国家老年人口占比通常在20%以上，发展中国家的状况稍好但老龄化势头迅猛。在当今社会，老年人是一个有钱、有闲、健康活跃的阶层，对休闲度假和异国古老传统文化比年轻人更感兴趣，必然会是旅游者队伍的一支重要力量。近些年来，欧美等高收入国家出现了老人偕儿孙一起出游的现象。"银发市场"越来越被各旅游接待国所重视，未来将成为世界旅游业异军突起的一个重要市场。

六、绿色旅游成为新动向

随着世界各国经济的快速发展，对自然资源和环境造成了极大的破坏，人类生存的环境受到严重的威胁，因此，发展绿色经济成为各国今后经济发展的首要目标和长期战略。旅游业成为发展绿色经济的首选。各国越来越重视旅游业的可持续发展，加强对自然资源、人文资源和生态环境的保护，引导旅游企业和旅游者积极履行社会责任、环境责任，努力减少旅游活动对自然、人文和生态环境的负面影响。各个国家都在倡导"绿色旅游""生态旅游"。目前生态旅游发展较好的国家首推美国、加拿大和澳大利亚等国家。它们在生态旅游开发中，避免大兴土木等有损自然景观的做法，旅游接待设施小巧玲珑，并与自然融为一体，住宿多为帐篷露营，旅游交通以步行为主，尽一切可能将旅游对旅游环境的影响降至最低。韩国观光公社近年出台了绿色旅游方案，开发出多种绿色旅游产品。

七、旅游安全日益受到重视

旅游业是高度敏感型产业，对外部环境的变化较为敏感，旅游客源地、目的地以及相关国家和地区的社会、经济和政治状况都将直接影响到旅游业的发展和旅游企业的运营。一些突发事件和因素对旅游业的影响较大，如旅游目的地的自然灾害、重大事故、传染性疾病、地区冲突、民族冲突、国际恐怖主义、政局动荡等因素，这些因素不仅对旅游者的安全产生影响，也不利于各国的旅游业的发展。如 2001 年，受全球经济不景气，国际政局不稳定和美国"9·11"恐怖事件的影响，全球旅游收入比 2000 年下降了 2.6%，国际旅游者数量下降了 0.6%。2003 年上半年，我国受 SARS 的影响，旅游外汇收入同比减少 22.5 亿美元，损失则高达 36 亿美元。可以说，目前旅游安全成为旅游者首先要考虑的问题。未来旅游机构和旅游者将越来越重视旅游安全和旅游目的地的社会稳定和谐。

第二节 预测方法概述

一、趋势预测模型

趋势预测法是把时间作为自变量，相应的序列观察值作为因变量，建立序列值随时间变化的回归模型方法。当预测对象依时间变化呈现某种上升或下降的趋势，并且无明显的季节波动，又能找到一条合适的函数曲线反映这种变化，就可以用这种拟合方法。趋势预测法有线性和非线性，其中非线性又包括二次曲线、指数曲线和对数曲线等多种形式，本书只介绍指数曲线。指数曲线的特点是各期环比增长速度大体相同，或者时间序列的逐期趋势按一定的百分比递增或衰减。指数曲线方程如下：

$$Y=ab^t \tag{8.1}$$

式（8.1）中，a、b 为未知参数，若 $b>1$，增长率随 t 的增加而增加，若 $b<1$，增长率随 t 的增加而减少。为了估计 a 和 b 的值，方程两边取对数后，运用最小二乘法可以得到参数 a、b 的对数值，取反对数后最后得到 a、b 的值。

二、ARIMA 预测模型

ARIMA 模型（迪博尔德，2003）（Auto Regressive Integrated and Moving Average Model）也称为博克斯——詹金斯法，是由美国统计学家 Box 和英国统计学家 Jenkins

在20世纪70年代提出的一种时间序列分析模型，即自回归移动平均模型。ARIMA模型的基本思想是：某些时间序列是依赖于时间t的一组随机变量，构成该序列的单个序列虽然具有不确定性，但整个序列的变化却有一定的规律性，可以用相应的数学模型近似描述。通过对该数学模型分析研究，能够更本质地认识时间序列的结构与特征，达到最小方差意义下的最优预测。

ARIMA模型的通用表达式为：

$$X_t = \lambda_1 X_{t-1} + \lambda_2 X_{t-2} + \ldots + \lambda_p X_{t-p} + \mu_t + \theta_1 \mu_{t-1} + \theta_1 \mu_{t-2} + \ldots + \theta_q \mu_{t-q} \tag{8.2}$$

其中$\lambda_1, \lambda_2, \cdots, \lambda_p$是自回归系数，$p$是自回归阶数，$\theta_1, \theta_2, \cdots, \theta_p$是移动平均阶数，$\mu_t$是白噪声序列。如果$X_t$是非平稳过程，可以通过差分转换为平稳过程，差分的次数记为d，该模型可以表示为ARIMA(p, d, q)。

ARIMA时间序列预测的建模过程如下。

第一，样本预处理。建立ARIMA模型要求时间序列是平稳随机过程，因此在建模之前必须检验时间序列数据的平稳性。

第二，模型的识别。非平稳的时间序列经过差分变换后，ARIMA建模的关键是确定阶次。一般的ARIMA(p, d, q)模型的定阶方法主要有4种：样本自相关函数和偏自相关函数定阶法、最小化最终预报误差法、最小艾卡信息量准则以及艾卡信息量修正准则。这里主要用样本自相关函数和偏自相关函数定阶法把握模型大致的方向。

第三，模型检验。在进行定阶和参数估计后，对所建立的模型适用性进行检验，若模型误差是白噪声，则建模获得通过，否则需要重新进行定阶和参数估计。

第四，预测。对平稳化的时间序列进行预测。模型识别和参数估计及模型诊断的过程往往是一个模型逐渐完善的过程，需要根据具体的实际问题不断调整最初的选择。

三、灰色系统预测模型

灰色系统理论自1982年问世以来，在理论和应用方面都取得了显著成绩（邓聚龙，2003）。灰色系统理论建模的主要任务就是根据社会、经济、技术等系统的行为特征数据，找出因素本身或因素之间的数学关系，从而了解系统的动态行为和发展趋势。灰色系统理论认为：①任何随机过程都可看作是在一定时空区域变化的灰色过程，随机量可看作是灰色量；②无规的离散时空数列是潜在的有规序列的一种表现。因而，通过生成变换可将无规序列变成有规序列。灰色预测是对本征性灰色系统，如军事系统、社会系统、经济系统、生态系统、商业系统等的预测（刘思峰，2004）。其特点是：预测模型不是唯一的；一般预测到一个区间，而不是一个点；预测区间的大小与预测精度成反比，而与预测成功率成正比。同时，当模型精度较低时，还可以通过残差模型来修正，以提高模型精度。

灰色预测模型一般为 GM（1，1）、GM（0，h）、GM（1，h）、SCCM（1，h）、SCCM（1，1）模型以及一些非线性 GM 模型。GM（n，h）（n>1）模型一般不能用于预测。GM（0，h）、GM（1，h）（h>1）也不作为灰色预测模型，因为任何一个本征性灰色系统，其行为受许多因素影响，如果把所有相关因子都列入模型中，就会得不出适用的模型，因而也就达不到预测的目的。但如果选择相关性较大的因子，则仍有可能使用。灰色预测可分为：灰色数列预测、年灾变预测、季节灾变预测、拓扑预测、残差辨识预测、一般非线性预测和系统综合预测。尤其是灰色动态模型 GM（1，1），它是一个关于变量数列的一阶微分方程的时间响应函数，由于可用于定量分析与预测，被看作是灰色系统中的核心模型。本书采用数列预测，其特点是对系统行为特征量进行等时距地实测，研究其行为特征量的变化规律，从而对特征量做出较长时间的预测。灰色 GM（1，1）模型的建模过程如下。

1. 原始数据进行预处理

对原始数据进行预处理，其目的有两个：一是削弱数据列的波动变化，减少随机性；二是调整数据列原有的变化态势，以符合或接近决策的需要。本文的数据处理采用三点滑动平均处理，但为了避免小数循环，采用如下公式：

$$x^{(0)}(t) = \frac{(q^{(0)}(t-1) + 2q^{(0)}(t) + q^{(0)}(t+1))}{4} \quad (8.3)$$

两端点分别为：

$$x^{(0)}(1) = \frac{(3q^{(0)}(1) + q^{(0)}(2))}{4} \quad (8.4)$$

$$x^{(0)}(n) = \frac{(q^{(0)}(n-1) + 3q^{(0)}(n))}{4} \quad (8.5)$$

其中：$q^{(0)}(t) = \{q^{(0)}(1), q^{(0)}(2), \ldots q^{(0)}(n)\}$，$q^{(0)}(t) \geq 0$，$t = 1, 2, \ldots n$，为原始数据序列，$x^{(0)}(t)$ 为处理后的数据序列。

对原始数据进行滑动平均处理，无论近期或中长期预测，效果都比较理想，易被人们所接受。其主要原因是削弱了数据的人为主观性和偶然性的干扰，而强化了事物发展的客观性与必然性。

2. 累加生成新序列

对 $x^{(0)}(t)$ 序列进行一次累加生成新的序列，得到新的序列为：

$$x^{(1)}(t) = \{x^{(1)}(1), x^{(1)}(2), \ldots x^{(1)}(n)\}$$

其中，$x^{(1)}(t) = \sum_{i=1}^{t} x(i), t = 1, 2, \ldots n$

3. 紧邻均值序列

$x^{(1)}(t)$ 的紧邻均值生成序列为：$z^{(1)}(t) = \{z^{(1)}(1), z^{(1)}(2), \ldots z^{(1)}(n)\}$

其中：$z^{(1)}(t) = 0.5(z^{(1)}(t) + z^{(1)}(t+1))$，$t = 2, 3, …, n$

4. 求参数

$$d^{(t)}(k_i) + ax^{(1)}(k_1) = b \tag{8.6}$$

为灰色微分方程。

$$x^{(0)}(k) + ax^{(1)}(k) = b \tag{8.7}$$

为 GM（1，1）模型。

若 $\hat{a} = (a,b)^T$ 为参数列，系数向量为：

$$\hat{a} = \begin{bmatrix} a \\ b \end{bmatrix} = \left[B^T B \right]^{-1} B^T Y_M \tag{8.8}$$

式中 $Y_M = \begin{bmatrix} x^{(0)}(2) \\ x^{(0)}(3) \\ \vdots \\ x^{(0)}(n) \end{bmatrix}$, $B = \begin{bmatrix} -z^{(1)}(2) & 1 \\ -z^{(1)}(3) & 1 \\ \vdots & \vdots \\ -z^{(1)}(n) & 1 \end{bmatrix}$

微分方程的解为：

$$x^{(1)}(k) = \left((x^{(1)}(0) - \frac{b}{a}) e^{-ak} + \frac{b}{a} \right) \tag{8.9}$$

取 $x^{(1)}(0) = x^{(0)}(1)$，则：

$$\hat{x}^{(0)}(k+1) = \left((x^{(0)}(1) - \frac{b}{a}) e^{-ak} + \frac{b}{a} \right), \quad k = 1, 2, …, n \tag{8.10}$$

还原值 $\hat{x}^{(0)}(k+1) = \hat{x}^{(1)}(k+1) - \hat{x}^{(1)}(k)$, $k = 1, 2, …, n$

然后进行后验差检验，检验合格后的模型可以进行预测。

GM（1，1）模型中的参数 $-a$ 为发展系数，b 为灰色作用量。$-a$ 反映了 $\hat{x}^{(1)}$ 及 $\hat{x}^{(0)}$ 的发展态势。一般情况下，系统作用量应是外生的或前定的，而 GM（1，1）是单序列建模，只用到系统的行为序列（或称输出序列、背景值），而无外作用序列（或称输入序列、驱动量）。GM（1，1）中的灰色作用量是内涵外延化的具体体现，它的存在，是区别灰色建模与一般输入输出建模（黑箱建模）的分水岭，也是区分灰色系统观点与黑箱观点的重要标志。

四、组合预测模型

在预测实践中，常常可以对同一问题采用不同的预测方法。不同的预测方法提供不同的有效信息，其预测精度往往也不同。如果简单地将预测误差较大的一些方法舍去，将会丢失一些有用的信息，这种做法对信息是一种浪费，应予以避免。一种更为科学的做法是，将不同的预测方法进行适当的组合，从而形成组合预测方法。组合预测研究是现阶段预测领域研究的热点问题之一。组合预测研究的主要优点是可以利用各种预测方法提供的有用信息，避免单一模型丢失信息的缺憾，减少随机性，提高预测精度。组合预测方法的关键是确定各单个预测方法的组合权重。从目前国内外研究成果看，组合权重一般有两大类，一类为定常权重，一类为时变权重（王景，1997）。定常权重研究较早，确定方法较成熟，但由此构成的组合预测方法的预测精度较差；时变权重的研究起步较晚，确定方法仍处于探讨阶段，但时变权重组合预测方法的预测精度明显高于定常权重组合预测方法，故引起了预测界的广泛兴趣（曹长修，1996；唐小我，1997）。由于变权函数是时间的函数，所以它的确定比较困难。但是从实际的情况来看，组合法的设计难度大。通常组合的方法是将几种预测方法所得的预测结果选取适当的权重进行加权平均的预测方法或选择拟合优度最佳或标准离差最小的预测方法。从实际研究可以看出组合预测的关键在于如何确定各种预测方法的权重系数。本书主要采用方差——协方差组合法进行组合预测。

方差——协方差加权平均法就是对较精确的预测值赋予较大的权重，精度低的赋予较小的权重。这种方法理论上得到最佳的权系数组合，如果这个权值可以保持稳定，则此方法就有较大的稳定性。

设 f_1、f_2 是关于 f 的无偏预测，f_c 是加权平均的组合预测值，预测误差分别为 e_1、e_2 和 e_c，取 w_1、w_2 是相应的权系数，且 $w_1+w_2=1$，有：

$$Y_c = w_1 Y_1 + w_2 Y_2, \tag{8.11}$$

其误差和方差分别为：

$$e_c = w_1 e_1 + w_2 e_2 \tag{8.12}$$

$$V_{ar}(e_c) = w_1^2 V_{ar}(e_1) + w_2^2 V_{ar}(e_2) + 2 w_1 w_2 V_{ar}(e_1, e_2) \tag{8.13}$$

关于 w_1 对 $V_{ar}(e_c)$ 求最小值，并记 $V_{ar}(e_1)=\sigma_{11}$，$V_{ar}(e_2)=\sigma_{22}$，$V_{ar}(e_1, e_2)=\sigma_{12}$

则两种预测的权系数分别为：

$$w_1 = \frac{\sigma_{22} - \sigma_{12}}{\sigma_{11} + \sigma_{22} - 2\sigma_{12}} \tag{8.14}$$

$$w_2 = \frac{\sigma_{11} - \sigma_{12}}{\sigma_{11} + \sigma_{22} - 2\sigma_{12}} \tag{8.15}$$

把以上的组合结果一般化，可得到 w_i（$i=1, 2, \cdots n$）的估计式为

$$w_i = (\sum_{i=1}^{n} e_{it}^2)^{-1} (\sum_{i=1}^{k} (\sum_{i=1}^{n} e_{it}^2)^{-1})^{-1} \tag{8.16}$$

第三节　国内旅游消费发展趋势预测

我国拥有世界上最大人口规模，2012 年，国内旅游规模已居世界第一位，国内旅游市场拥有巨大的发展潜力和空间。随着国民大众旅游消费时代的到来，旅游业发展方式在悄然转型，居民旅游消费需求将会持续增长，国内旅游消费的需求与增长将是未来一段时间内我国旅游市场需求的主力。根据国家旅游局的规划安排，到 2020 年，旅游业增加值占到服务业增加值的比重要超过 40%，要把旅游业发展成为我国服务业的龙头产业和主导产业。《国务院关于促进旅游业改革发展的若干意见》提出，到 2020 年，境内旅游总消费额达到 5.5 万亿元，城乡居民年人均出游 4.5 次，旅游业增加值占国内生产总值的比重超过 5%。那么，未来一段时期我国国内旅游消费的发展趋势如何，城乡居民消费和旅游消费将达到什么水平，国内旅游消费占居民消费的比重将达到多少，这对于今后如何扩大内需、提高居民消费水平和制定适宜的促进旅游消费的政策将会产生重要影响。因此，本节在采用趋势预测、ARIMA 模型预测、灰色模型预测的基础上，采用组合预测方法对我国居民的消费和旅游消费水平进行了预测，对国内旅游消费占居民消费的比重进行了预测，为后面城乡居民旅游消费政策的制定提供科学的理论基础和依据。

一、趋势模型预测

图 8-1 为我国 1994—2017 年的城乡居民国内旅游消费的变化趋势图，从图中可以看出，这三个变量的变化趋势大体呈指数型曲线，假设未来一段时期内也将保持这种发展趋势，故可以拟合指数曲线方程对国内旅游消费进行预测。本书中国内旅游消费预测的样本期为 1994—2017 年。

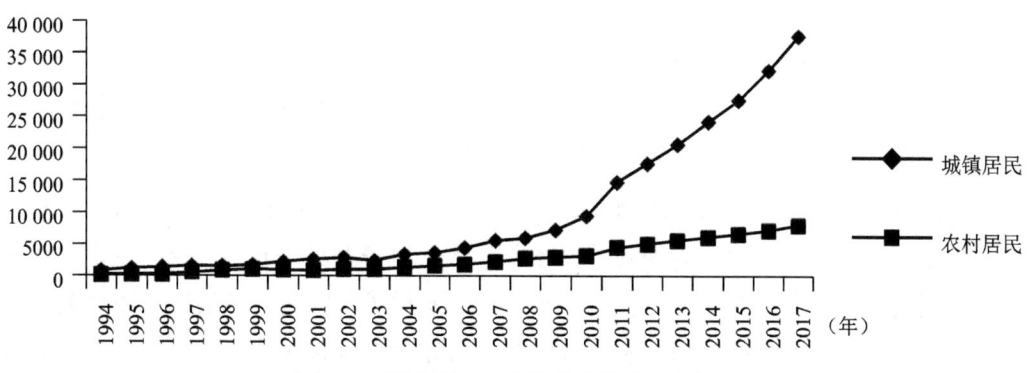

图 8-1　城乡居民国内旅游消费变化趋势图

将城镇居民（RTC）、农村居民（UTC）国内旅游消费的数据取对数后得到的指数曲线回归方程如下（括号中的数值为 t 值）：

$$\text{LOG}(RTC) = 6.5052 + 0.1633*t \tag{8.17}$$
$$(83.8656)(30.0737)$$

$R^2 =0.9763$，$F=904.4273$

$$\text{LOG}(UTC) = 7.65 + 0.1282*t \tag{8.18}$$
$$(145.0587)(16.4969)$$

$R^2 =0.968$，$F=272.1484$

由方程（8.17）和方程（8.18）可知，两个方程的拟合优度较高，变量的显著性检验通过，F 值较高，方程的显著性检验通过，表明方程拟合得较好，可以进行预测，预测结果见表 8-1。

表 8-1　城乡居民旅游消费趋势预测模型的预测结果

单位：亿元

年份	农村居民	城镇居民
2018	9792.13	39 601.25
2019	11 132.34	46 624.10
2020	14 388.16	54 892.36
2021	16 357.41	64 626.91
2022	18 596.17	76 087.78
2023	21 141.37	89 581.10
2024	24 034.85	105 467.31
2025	27 324.53	124 170.77

数据来源：根据本书中的计算结果得到。

二、ARIMA 模型预测

（一）平稳性检验与模型识别

下面通过对城乡居民国内旅游消费的原序列、差分序列各自的相关图和偏自相关图进行分析，来判断它们的平稳性并识别模型的形式。

根据表 8-2 可知，城镇居民国内旅游消费的原序列和一阶差分序列的自相关系数是逐渐趋于 0 的，而二阶差分序列的自相关系数是很快就趋于 0 的，因此可以判断城镇居民国内旅游消费序列为二阶差分平稳序列。农村居民国内旅游消费的原序列的自相关系数是逐渐趋于 0 的，而一阶差分序列的自相关系数是很快就趋于 0 的，因此可以判断农村居民国内旅游消费序列为一阶差分平稳序列。因此，需要在各自平稳的差分序列的基础上建立模型并进行预测。

根据城镇和农村居民旅游消费的平稳的差分序列的自相关和偏自相关图可以看出，城镇居民的自相关和偏自相关系数系都是拖尾的，而在 8 阶的滞后明显的大于其他滞后期，因此可以考虑建立 ARMA（8）模型。而农村居民旅游消费的一阶差分序列的自相关和偏自相关系数均呈现拖尾，第 1 期的自相关和偏自相关系数明显大于其他滞后期的数值，因此可以考虑建立 ARMA（1）模型。

表 8-2　城乡居民旅游消费原序列和差分序列的自相关系数表

滞后期	农村居民		城镇居民	
	原序列	一阶差分	原序列	二阶差分
1	0.857	0.369	0.823	−0.329
2	0.723	0.212	0.663	−0.042
3	0.591	0.366	0.519	−0.062
4	0.461	0.297	0.381	−0.082
5	0.336	0.212	0.254	0.134
6	0.219	0.294	0.135	−0.041
7	0.101	0	0.026	0.301
8	0.02	−0.139	−0.039	−0.3
9	−0.058	−0.011	−0.088	0.006
10	−0.141	−0.173	−0.132	0.074
11	−0.204	−0.315	−0.174	−0.022
12	−0.251	−0.223	−0.209	0.032

数据来源：根据本书中的计算结果得到。

（二）参数估计与检验

利用 Eviews 软件（高铁梅，2009），通过 OLS 估计分别得出城乡居民国内旅游消费的估计方程。

$$DD(LN(RTC)) = 0 + [AR(8) = 0.812, MA(8) = -0.9999] \quad (8.19)$$
$$(21511.61) \quad (1.05E10)$$

DW=1.9481, Inverted AR Roots：0.97, 0.69−0.69i, 0.69−0.69i, 0.00+0.97i, −0.00−0.97i, −0.69−0.69i, −0.69+0.69i, −0.97；Inverted MA Roots：0.92+0.38i, 0.92−0.38i, 0.38−0.92i, 0.38+0.92i, −0.38+0.92i, −0.38−0.92i, −0.92−0.38i, −0.92+0.38i

$$D(LN(UTC)) = 0 + [AR(1) = 0.985, MA(1) = -0.9993] \quad (8.20)$$
$$(22.4243) \quad (-2.9806)$$

DW=2.4，Inverted AR Roots=0.67，Inverted MA Roots=1.00

从方程（8.19）、方程（8.20）的检验参数看，各参数均通过显著性检验，模型的调整判别系数在逐渐提高，DW 值表明模型不存在自相关。各滞后多项式的倒数根都在单位圆内，说明过程既是平稳的也是可逆的。

下面对方程（8.19）、方程（8.20）的适合性进行检验，即对模型的残差序列进行白噪声检验。若残差序列不是白噪声序列，意味着残差序列中还存在有用的信息没被提取，需要进一步改进模型。表 8-3、表 8-4 是方程（8.19）、方程（8.20）的残差序列的自相关和偏自相关函数表。

表 8-3　农村居民旅游消费的残差序列的自相关和偏自相关系数表

滞后期	自相关系数	偏自相关系数	Q 值	概率
1	0.023	0.023	0.0109	0.917
2	−0.204	−0.204	0.9053	0.636
3	0.101	0.116	1.1400	0.767
4	−0.030	−0.085	1.1625	0.884
5	−0.166	−0.123	1.9075	0.862
6	−0.011	−0.033	1.9109	0.928
7	0.011	−0.040	1.9147	0.964
8	−0.177	−0.172	3.0330	0.932

表 8-4　城镇居民旅游消费的残差序列的自相关和偏自相关系数表

滞后期	自相关系数	偏自相关系数	Q 值	概率
1	0.433	0.433	2.3173	0.128
2	−0.034	−0.272	2.3337	0.311
3	−0.020	0.155	2.3403	0.505
4	−0.144	−0.288	2.7525	0.600
5	−0.137	0.121	3.2153	0.667
6	−0.167	−0.308	4.1327	0.659
7	−0.276	−0.059	7.9077	0.341
8	−0.155	−0.078	10.279	0.246

由表 8-3 表 8-4 可知，残差序列的相关系数都落入随机区域，表中所有的 Q 值对应的概率均大于 5% 显著性水平，表明残差序列是纯随机的且平稳的。所建立的模型可以进行预测，预测结果见表 8-5。

表 8-5 城乡居民旅游消费的 ARMA 模型的预测结果

单位：亿元

年份	农村居民	城镇居民
2018	7494.46	46 616.51
2019	8367.88	67 402.68
2020	9327.67	77 829.05
2021	10 380.65	88 444.45
2022	11 534.01	100 502.71
2023	12 795.28	111 786.94
2024	14 172.45	126 785.25
2025	15 673.79	143 872.10

数据来源：根据本书中的计算结果得到。

三、灰色预测

（一）城镇居民国内旅游消费预测

由于 1994—2003 年城镇居民旅游消费变化比较平缓，而 2007—2017 年城镇居民旅游消费变化比较陡峭，前后发展趋势不太一致，而灰色预测模型对序列的数量要求不是很严格，考虑到 2008 年金融危机的影响，故城镇居民旅游消费预测的样本期为 2009—2017 年。城镇居民国内旅游消费灰色预测的过程如下。

第 1 步，原始序列的初始化后的序列：

10212.50, 14174.75, 17714.30, 20820.75, 24185.78, 27920.73, 32441.63, 36315.08

第 2 步，原始序列的一次累加序列：

10212.5000, 24387.2500, 42101.5500, 62922.3000, 87108.0800, 115028.8100, 147470.4400, 183785.5200

第 3 步，紧邻均值生成序列：

17299.8750, 33244.4000, 52511.9250, 75015.1900, 101068.4450, 131249.6250, 165627.9800

第 4 步，发展系数和灰色作用量的计算：$a=-0.1479$，$b=12625.2819$

第 5 步，模拟值的计算：

10212.5000, 15234.6450, 17663.0950, 20478.6475, 23743.0079, 27527.7176, 31915.7218, 37003.1876

第 6 步，计算残差：残差 $=2343610.7579$

(二)农村居民国内旅游消费预测

农村居民的国内旅游消费预测的过程如下。

第1步,原始序列的初始化后的序列:

3449.68, 4299.45, 5034.18, 5571.83, 6087.98, 6602.08, 7216.88, 7777.73

第2步,原始序列的一次累加序列:

3449.6800, 7749.1300, 12783.3100, 18355.1400, 24443.1200, 31045.2000, 38262.0800, 46039.8100

第3步,紧邻均值生成序列:

5599.4050, 10266.2200, 15569.2250, 21399.1300, 27744.1600, 34653.6400, 42150.9450

第4步,发展系数和灰色作用量的计算:$a=-0.0921$,$b=4013.8350$

第5步,模拟值的计算:

3449.6800, 4537.2232, 4974.8968, 5454.7896, 5980.9742, 6557.9162, 7190.5116, 7884.1290

第6步,计算残差:残差 =99165.7639

(三)预测精度检验及预测结果

通过城镇和农村居民的残差的相对误差来看,城镇居民消费的平均相对误差为2.2%,农村居民为1.8%,预测精度分别达到97.8%、98.2%。后验差 $C=S_2/S_1$ 分别为0.06、0.08,其中 S_2 为预测残差的标准差,S_1 为实际数据的标准差。根据灰色系统理论评定预测精度的要求,指标 C 小于0.5表明所建立的预测模型是合格的,能客观地反映我国居民消费的动态变化趋势,可以用该模型对居民消费进行预测,预测结果见表8-6。

表8-6 城乡居民国内旅游消费的灰色模型预测结果

单位:亿元

年份	城镇	农村
2018	42 901.61	8644.47
2019	49 740.26	9478.29
2020	57 669.02	10 392.03
2021	66 861.64	11 395.64
2022	77 519.59	12 494.63
2023	89 876.46	13 699.89
2024	104 203.35	15 021.43
2025	120 813.42	16 470.44

数据来源:根据本书中的计算结果得到。

四、组合预测

根据方程（8.16），利用三个模型预测误差的数据，可以计算出三个模型对应的权重，权重系数表见表8-7。

表8-7 组合预测模型权重系数表

名称	趋势预测模型	灰色预测模型	ARMA模型
城镇居民	0.0145	0.0317	0.9538
农村居民	0.0644	0.9276	0.0080

根据表8-7的权重系数，对三个模型的预测值进行组合预测，预测结果见表8-8。

表8-8 城乡居民旅游消费组合预测模型预测结果

单位：亿元

年份	农村居民	城镇居民	全体居民
2018	8709.18	46 616.51	55 325.69
2019	9575.93	67 402.68	76 978.61
2020	10 640.87	77 829.05	88 469.92
2021	11 707.06	88 444.45	100 151.51
2022	12 879.88	100 502.71	113 382.59
2023	14 171.88	111 786.94	125 958.82
2024	15 595.10	126 785.25	142 380.35
2025	17 163.07	143 872.10	161 035.17

数据来源：根据本书中的计算结果得到。

根据之前的计算结果，农村居民ARMA模型的预测相对误差为15.6%，灰色预测模型的相对误差为1.6%，趋势预测模型的相对误差为6.6%，组合预测模型的相对平均误差为1.4%。城镇居民ARMA模型的预测相对误差为0.2%，灰色预测模型的相对误差为2.0%，趋势预测模型的相对误差为9.2%，组合预测模型的相对误差为0.1%，可见不论是城镇居民还是农村居民，组合预测模型的精度要高于单一的预测模型。

由表8-8可知，我国农村居民国内旅游消费2018年为8709.18亿元，2025年为17 163.07亿元，是2018年的2倍。我国城镇居民国内旅游消费2018年为46 616.51亿元，2025年为143 872.10亿元，为2018年的3倍。整体居民国内旅游消费2018年为55 325.69亿元，到2025年为161 035.17亿元，为2018年的2.9倍。

第四节 居民消费发展趋势预测

一、趋势模型预测

图 8-2 为我国 1994—2017 年的城乡居民消费的变化趋势图，从图中可以看出，这两个变量的变化趋势大体呈指数型曲线，假设未来一段时期内也将保持这种发展趋势，故可以拟合指数曲线方程对居民消费进行预测。城乡居民消费趋势预测和 ARMA 模型的样本期为 1994—2017 年。

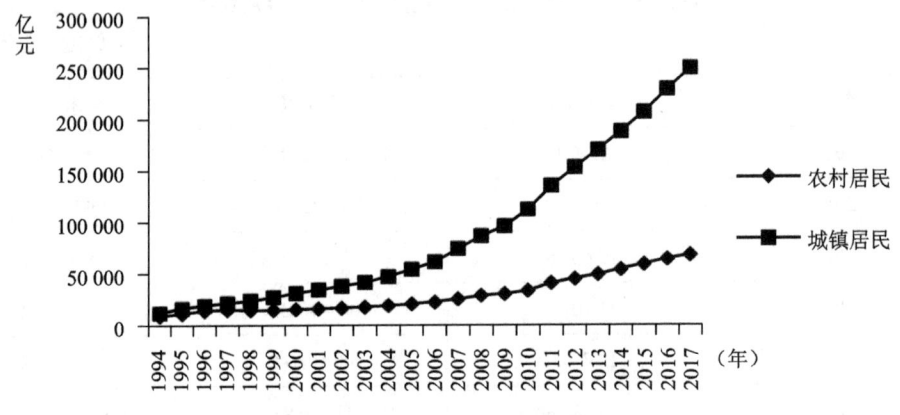

图 8-2 我国城乡居民消费变化趋势图

将城镇居民（RC）、农村居民（UC）消费的数据取对数后得到的指数曲线回归方程如下：

$$\text{LOG}（RC）=11.1387 + 0.123*t \quad (8.21)$$
$$(373.83)(27.9915)$$

$R^2=0.9886$，$F=783.5253$

$$\text{LOG}（UC）= 9.1005 + 0.082*t \quad (8.22)$$
$$(131.342)(45.0236)$$

$R^2=0.9689$，$F=684.7978$

由方程（8.21）和方程（8.22）可知，两个方程的拟合优度较高，变量的显著性检验通过，F 值较高，方程的显著性检验通过，表明方程拟合得较好，可以进行预测，预测结果见表 8-9。

表 8-9 城乡居民消费趋势模型预测结果

单位：亿元

年份	农村居民	城镇居民
2018	69 513.76	300 853.89
2019	75 450.34	340 220.77
2020	81 893.92	384 742.67
2021	88 887.78	435 086.44
2022	96 478.94	492 017.71
2023	104 718.39	556 404.04
2024	113 661.50	629 209.78
2025	123 368.37	711 542.19

数据来源：根据本书中的计算结果得到。

二、ARIMA 模型预测

（一）平稳性检验与模型识别

下面通过对居民消费的原序列、一阶差分序列的自相关系数和偏自相关系数进行分析，来判断它们的平稳性并识别模型的形式。

根据表 8-10 可知，城乡居民消费的原序列的自相关系数是逐渐趋于 0 的，而它们的一阶差分序列的自相关系数是很快就趋于 0，因此可以判断整体居民、城乡居民消费序列为一阶差分平稳序列，需要在各自一阶差分序列的基础上建立模型并进行预测。

根据两个序列的一阶差分序列的自相关和偏自相关系数可以看出，城乡居民消费的一阶差分序列的自相关和偏自相关系数均呈现拖尾，第 1 期的自相关和第 2 期偏自相关系数明显大于其他滞后期的数值，因此可以考虑建立 ARMA（1，2）模型。

表 8-10 城乡居民消费原序列和一阶差分序列的自相关系数表

滞后期	农村居民		城镇居民	
	原序列	一阶差分	原序列	一阶差分
1	0.910	0.549	0.920	0.558
2	0.818	0.169	0.838	0.204
3	0.731	0.054	0.758	0.119
4	0.645	−0.151	0.677	−0.060
5	0.559	−0.256	0.592	−0.102
6	0.477	−0.127	0.507	−0.041
7	0.399	−0.102	0.423	0.092

续表

滞后期	农村居民		城镇居民	
	原序列	一阶差分	原序列	一阶差分
8	0.328	-0.085	0.344	0.078
9	0.259	-0.030	0.265	-0.097
10	0.192	-0.008	0.189	-0.189
11	0.129	0.064	0.118	-0.290
12	0.064	0.020	0.049	-0.286
13	-0.004	-0.072	-0.021	-0.243
14	-0.073	-0.115	-0.088	-0.181
15	-0.140	-0.062	-0.151	-0.079
16	-0.207	0.000	-0.209	-0.070

（二）参数估计与检验

利用 Eviews 软件（高铁梅，2009），通过 OLS 估计分别得出居民消费的估计方程。

$$D(LN(RC)) = 0.1046 + [AR(1) = 0.9789, MA(2) = -0.9996] \quad (8.23)$$
$$(6.724) \quad (205.5432) \quad (-20.7282)$$

DW=1.7145，Inverted AR Roots=0.98，Inverted MA Roots=1.00，-1.00

$$D(LN(UC)) = 0.0862 + [MA(1) = 0.7213] \quad (8.24)$$
$$(5.1814) \quad (4.7008)$$

DW=1.8287，Inverted MA Roots-0.72

从方程（8.23）、方程（8.24）的检验参数看，各参数均通过显著性检验，模型的调整判别系数在逐渐提高，DW 值表明模型不存在自相关。各滞后多项式的倒数根都在单位圆内，说明过程既是平稳的也是可逆的。

下面对方程（8.23）、方程（8.24）的适合性进行检验，即对模型的残差序列进行白噪声检验。若残差序列不是白噪声序列，意味着残差序列中还存在有用的信息没被提取，需要进一步改进模型。表 8-11、表 8-12 是方程（8.23）、方程（8.24）的残差的自相关和偏自相关函数表。

表 8-11　农村居民消费的残差序列的自相关和偏自相关系数表

滞后期	自相关系数	偏自相关系数	Q 值	概率
1	-0.011	-0.011	0.0030	0.956
2	-0.015	-0.015	0.0089	0.996
3	-0.091	-0.092	0.2489	0.969
4	0.027	0.025	0.2705	0.992

续表

滞后期	自相关系数	偏自相关系数	Q 值	概率
5	−0.037	−0.039	0.3136	0.997
6	−0.149	−0.159	1.0681	0.983
7	−0.038	−0.039	1.1189	0.993
8	−0.166	−0.187	2.1787	0.975
9	−0.011	−0.054	2.1837	0.988
10	−0.196	−0.229	3.8858	0.952
11	0.115	0.050	4.5181	0.952
12	−0.070	−0.136	4.7735	0.965

表 8-12　城镇居民消费的残差序列的自相关和偏自相关系数表

滞后期	自相关系数	偏自相关系数	Q 值	概率
1	−0.011	−0.011	0.0030	0.956
2	−0.015	−0.015	0.0089	0.996
3	−0.091	−0.092	0.2489	0.969
4	0.027	0.025	0.2705	0.992
5	−0.037	−0.039	0.3136	0.997
6	−0.149	−0.159	1.0681	0.983
7	−0.038	−0.039	1.1189	0.993
8	−0.166	−0.187	2.1787	0.975
9	−0.011	−0.054	2.1837	0.988
10	−0.196	−0.229	3.8858	0.952
11	0.115	0.050	4.5181	0.952
12	−0.070	−0.136	4.7735	0.965

由表 8-11、表 8-12 可知，残差序列的相关系数都落入随机区域，表中所有的 Q 值对应的概率均大于 5% 显著性水平，表明残差序列是纯随机的且平稳的。所建立的模型可以进行预测，预测结果见表 8-13。

表 8-13　居民消费的 ARMA 模型预测结果

单位：亿元

年份	农村居民	城镇居民
2018	74 701.84	259 891.63
2019	81 427.64	290 552.63
2020	88 758.1	324 694.49
2021	96 749.46	362 703.15

续表

年份	农村居民	城镇居民
2022	105 459.26	404 999.05
2023	114 954.31	452 041.83
2024	125 302.99	504 347.10
2025	136 584.67	562 485.14

数据来源：根据本书中的计算结果得到。

三、灰色预测

由于灰色预测模型要求数据前后变化波动不能太明显，故城乡居民消费灰色预测的样本期为 2007—2017 年。

（一）农村居民消费的灰色预测

第 1 步，原始序列的初始化后的序列：

26401.55, 28484.03, 30945.85, 34740.53, 40245.93, 45238.25, 49613.28, 54326.90, 59246.18, 63996.33, 67216.50

第 2 步，原始序列的一次累加序列：

26401.5500, 54885.5800, 85831.4300, 120571.9600, 160817.8900, 206056.1400, 255669.4200, 309996.3200, 369242.5000, 433238.8300, 500455.3300

第 3 步，紧邻均值生成序列：

40643.5650, 70358.5050, 103201.6950, 140694.9250, 183437.0150, 230862.7800, 282832.8700, 339619.4100, 401240.6650, 466847.0800

第 4 步，发展系数和灰色作用量的计算：$a=-0.0946$，$b=26021.2674$

第 5 步，模拟值的计算：

26401.5500, 29912.6832, 32881.6084, 36145.2084, 39732.7307, 43676.3256, 48011.3343, 52776.6059, 58014.8452, 63772.9958, 70102.6604

第 6 步，计算残差：残差 $=25329940.1718$

（二）城镇居民消费的灰色预测

第 1 步，原始序列的初始化后的序列：

77277.98, 85798.63, 97733.53, 114086.43, 134168.58, 153103.70, 170537.08, 188378.60, 207739.58, 228711.00, 244616.53

第 2 步，原始序列的一次累加序列：

77277.9800, 163076.6100, 260810.1400, 374896.5700, 509065.1500, 662168.8500, 832705.9300, 1021084.5300, 1228824.1100, 1457535.1100, 1702151.6400

第 3 步，紧邻均值生成序列：

120177.2950, 211943.3750, 317853.3550, 441980.8600, 585617.0000, 747437.3900, 926895.2300, 1124954.3200, 1343179.6100, 1579843.3750

第 4 步，发展系数和灰色作用量的计算：a=-0.1103，b=80886.4849

第 5 步，模拟值的计算：

77277.9800, 94524.1517, 105544.0707, 117848.7260, 131587.8963, 146928.8217, 164058.2398, 183184.6587, 204540.8948, 228386.9072, 255012.9618

第 6 步，计算残差：残差 =383458008.1911

（三）预测精度检验及预测结果

从城乡居民灰色预测模型的残差相对误差来看，城镇居民消费的平均相对误差为 3.8%，农村居民为 3.2%，预测精度分别达到 96.2%、96.8%。后验差 $C=S_2/S_1$ 分别为 0.11、0.11，其中 S_2 为预测残差的标准差，S_1 为实际数据的标准差。根据灰色系统理论评定预测精度的要求，指标 C 小于 0.5 表明所建立的预测模型是合格的，能客观地反映我国居民消费的动态变化趋势，可以用该模型对居民消费进行预测。预测结果见表 8-14。

表 8-14 城乡居民消费的灰色模型预测结果

单位：亿元

年份	城镇居民	农村居民
2018	274 489.47	77 060.56
2019	302 538.50	84 709.06
2020	333 453.77	93 116.69
2021	367 528.14	102 358.81
2022	405 084.45	112 518.23
2023	446 478.49	123 686.01
2024	492 102.44	135 962.23
2025	542 388.52	149 456.89

数据来源：根据本书中的计算结果得到。

四、组合预测

根据方程（8.16），利用三个模型预测误差的数据，可以计算出三个模型对应的权重，权重系数表见表 8-15。

表 8-15 组合预测模型权重系数表

名称	趋势预测模型	灰色预测模型	ARMA 模型
城镇	0.3765	0.5542	0.0693
农村	0.1167	0.6055	0.2778

根据表 8-7 的权重系数，对三个模型的预测值进行组合预测，预测结果见表 8-16。

表 8-16 城乡居民消费组合预测结果

单位：亿元

年份	农村居民	城镇居民	全体居民
2018	75 524.60	283 404.04	358 928.64
2019	82 716.99	315 895.25	398 612.24
2020	90 596.18	352 157.02	442 753.20
2021	99 228.46	392 629.47	491 857.93
2022	108 685.46	437 808.90	546 494.37
2023	119 046.82	488 251.00	607 297.82
2024	130 398.60	544 571.91	674 970.51
2025	142 836.46	607 467.57	750 304.03

数据来源：根据本书中的计算结果得到。

根据前面的三个预测模型的预测结果可知，农村居民 ARMA 模型的预测相对平均误差为 8.7%，灰色预测模型为 3.6%，趋势预测模型为 9%，组合预测模型的相对平均误差为 3.5%。城镇居民 ARMA 模型的预测相对平均误差为 7.6%，灰色预测模型为 4.2%，趋势预测模型为 3.5%，组合预测模型的相对平均误差为 1.7%。组合预测模型的误差平方和小于任一单一模型，平均相对误差不大，预测精度达到了 98.3%，预测精度很高。

由表 8-16 可知，我国农村居民消费 2018 年为 75 524.60 亿元，2025 年为 142 836.46 亿元，是 2018 年的 1.9 倍。我国城镇居民消费 2018 年为 283 404.04 亿元，2025 年为 607 467.57 亿元，是 2018 年的 2.1 倍。整体居民消费 2018 年为 358 928.64 亿元，到 2025 年为 750 304.03 亿元，是 2017 年的 2.1 倍。

五、国内旅游消费占居民消费比重的预测

根据前面的城乡居民国内旅游消费和居民消费的预测值，计算了 2018—2025 年城乡居民国内旅游消费占居民消费的比重，城乡居民旅游消费占国内旅游消费的比重以及城乡居民消费占居民消费的比重，计算结果见表 8-17、表 8-18 和表 8-19。

表 8-17 城乡居民国内旅游消费占居民消费的比重

单位：%

年份	全体居民	农村居民	城镇居民
2018	15.41	11.53	16.45
2019	19.31	11.58	21.34
2020	19.98	11.75	22.10
2021	20.36	11.80	22.53
2022	20.75	11.85	22.96
2023	20.74	11.90	22.90
2024	21.09	11.96	23.28
2025	21.46	12.02	23.68

数据来源：根据本书的计算结果得到。

由表 8-17 可知，我国整体居民国内旅游消费占居民消费的比重 2018 年为 15.41%，2025 年为 21.46%，呈现逐年增加的趋势。我国城镇居民国内旅游消费占城镇居民消费的比重同样呈现逐年增加的趋势，由 2018 年的 16.45% 增加到 2025 年的 23.68%，农村居民国内旅游消费占农村居民消费的比重由 2018 年的 11.53% 增加到 2025 年的 12.02%。相比较而言，城镇居民国内旅游消费占居民消费的比重大于农村居民，表明随着我国经济的平稳快速发展和新型城镇化的进程加快，城镇化率的不断提高，大量的农村人口会转换为城镇人口，伴随着城镇居民的收入的大幅度增加，必将带动旅游消费的迅速增长。可见，我国国内旅游消费在居民消费中的比重逐年增加，从 2020 年以后基本达到了 20% 左右，可以说国内旅游消费可以承担起扩大内需的重任。

表 8-18 城乡居民旅游消费占国内旅游消费的比重

单位：%

年份	城镇居民	农村居民
2018	84.26	15.74
2019	87.56	12.44
2020	87.97	12.03
2021	88.31	11.69
2022	88.64	11.36
2023	88.75	11.25
2024	89.05	10.95
2025	89.34	10.66

数据来源：根据本书的计算结果得到。

由表 8-18 可知，我国城镇居民旅游消费占国内旅游消费的比重 2018 年为 84.26%，2025 年为 89.34%，呈现逐渐上升的趋势，但比较缓慢。表明城镇居民的旅游消费仍然是国内旅游消费的主体。农村居民旅游消费占国内旅游消费的比重由 2018 年的 15.74% 下降到 2025 年的 10.66%，可以说是未来我国城镇化率不断提高的一个表现，也就是说随着我国城镇化水平的不断提高，城镇人口不断增加，而农村人口在相应减少，进而农村居民的总体消费水平会出现下降。但是，如何把农村居民旅游消费的潜力释放出来，对于国内旅游消费和内需的快速发展也是非常重要的。

表 8-19 城乡居民消费占居民消费的比重

单位：%

年份	城镇居民	农村居民
2018	78.96	21.04
2019	79.25	20.75
2020	79.54	20.46
2021	79.83	20.17
2022	80.11	19.89
2023	80.40	19.60
2024	80.68	19.32
2025	80.96	19.04

数据来源：根据本书的计算结果得到。

由表 8-19 可知，我国城镇居民消费占整体居民消费的比重由 2018 年的 78.96% 增加到 2025 年的 80.96%，增幅不是很大，已超过 80%，表明城镇居民的消费仍然是我国内需中的重要组成部分。而农村居民消费占整体居民消费的比重由 2018 年 21.04% 减少到 2025 年的 19.04%，下降的幅度不是很大。整体上来看，我国城乡居民消费水平发展相对平稳。

第五节　本章小结

本章主要是对我国 2018—2025 年的居民消费和旅游消费水平进行预测。首先介绍了世界旅游业的一些发展趋势和特点：加快发展旅游业成为很多国家的战略决策、世界旅游业的发展重心逐步东移、新兴经济体客源地功能崛起、各国注重相关资源整合，形成"大旅游"的发展格局、旅游市场进一步细化、绿色旅游成为新动向、旅游安全日益受到重视。其次，利用趋势曲线模型、ARMA 模型、灰色预测模型对我国城乡居民旅游消费和消费水平分别进行了预测，然后利用方差——协方差加权组合预测模型进行了组合预测，预测结果表明：我国农村和城镇居民国内旅游消费从 2018—2025 年呈现逐渐增加的趋势，农村居民国内旅游消费从 2018 年的 8709.18 亿元增加到 2025 年的 17 163.07 亿元。我国城镇居民国内旅游消费从 2018 年的 46 616.51 亿元增加到 2025 年的 143 872.10 亿元。整体居民国内旅游消费 2018 年为 55 325.69 亿元，到 2025 年为 161 035.17 亿元。

我国农村居民消费由 2018 年的 75 524.60 亿元增加到 2025 年的 142 836.46 亿元。我国城镇居民消费由 2018 年的 283 404.04 亿元增加到 2025 年的 607 467.57 亿元。整体居民消费由 2018 年的 358 928.64 亿元增加到 2025 年的 750 304.03 亿元。

我国整体居民国内旅游消费占居民消费的比重、城镇居民国内旅游消费占城镇居民消费的比重从 2018—2025 年均呈现逐年增加的趋势，到 2020 年以后比重均超过了 20%，农村居民国内旅游消费占农村居民消费的比重也呈现逐渐上升的趋势，但增幅不大，2025 年比重为 12.02%。可以说国内旅游消费可以承担起扩大内需的重任。

我国城镇居民旅游消费占国内旅游消费的比重 2018—2025 年都在 80% 以上，2025 年达到 89.34%，表明城镇居民旅游消费是国内旅游消费的主体。而农村居民旅游消费占国内旅游消费的比重却呈现逐渐下降的趋势，但农村旅游市场的潜力仍有待发挥出来，也必将带动国内旅游消费和居民消费水平的提升。

我国城镇居民消费占整体居民消费的比重由 2018 年的 78.96% 增加到 2025 年 80.96%，已超过 80%，表明城镇居民消费仍然是我国内需中的重要组成部分。而农村居民消费占整体居民消费的比重由 2018 年 21.04% 减少到 2025 年的 19.04%，下降的幅度不是很大。整体上来看，我国城乡居民消费水平发展相对平稳。

第九章 促进国内旅游消费发展对策

通过前面几章的理论和实证分析所得到的结论为国内旅游消费发展政策的制定提供了坚实的理论基础，同时也指明了政策制定的方向。今后在制定促进国内旅游消费的政策时，应树立科学的旅游发展观，不能只追求旅游人数和收入的增长，而不顾社会和环境效应，要做到旅游经济、社会和生态效益的统一。要坚持城镇和农村居民区别对待，东中西部各有侧重的原则，不能一刀切。要抓住提高居民收入水平和深化假日制度改革两条主线，这是提升居民旅游消费水平和释放旅游消费能力的根本。要进一步调整和优化旅游消费结构，大力发展购物旅游和休闲旅游，这是促进国内旅游消费发展的关键，关系到旅游消费和旅游产业转型升级问题。要促进旅游业和城镇化的结合，紧跟城镇化的进程，这是促进国内旅游消费发展的方向。要逐步缩小旅游消费差距，促进社会的和谐发展和区域旅游的均衡发展，这是促进国内旅游消费发展的目标。要加强政府的宏观调控，这是促进旅游消费发展的政策保障。

第一节 调整收入分配制度，减少不确定性，提高居民收入水平

根据本文的实证分析，收入水平是影响城乡居民国内旅游消费的最主要的因素，尤其对农村居民的影响更为深远。可以说收入的增长是城乡居民旅游消费需求增长的根本保障，要提高城乡居民国内旅游消费水平，扩大旅游消费容量，必须首先从提高城乡居民的收入入手。同时，本文的进一步实证分析表明收入分配制度、收入和支出的不确定性对居民收入水平的影响是显著的，因此，在着重调整收入分配制度，减少不确定性的同时，还应努力开辟其他渠道增加居民收入，进而促进居民旅游消费水平的提升。

一、调整收入分配格局，缩小收入差距

目前我国的收入分配格局中政府和居民间存在差距，城乡居民间也存在差距，而

且这些差距呈现扩大的趋势，收入差距的扩大不仅对城乡居民的收入产生影响，也会对旅游消费产生抑制作用。目前，我国财政收入的增长速度快于城镇居民收入的增长速度，其在 GDP 中占的比例也远高于城镇居民收入所占的比例，同时城乡居民间的收入差距也在拉大。因此，应调整收入分配格局，逐步降低政府和企业收入的增长速度，加快城乡居民收入的增长速度，同时通过加强征收个人所得税等机制来逐步缩小城乡居民间的"收入鸿沟"，缩小城乡收入差距，不断增强城乡居民中中低收入者的旅游购买力，提高整个社会的旅游消费倾向，扩大国内旅游消费需求。

二、减少支出负担，加快社会保障制度改革，降低居民支出的不确定性

政府应建立健全社会保障体系，完善各种社会保障制度，稳定城乡居民未来的支出预期，增强旅游消费信心，扩大旅游消费支出。降低居民支出的不确定性主要包括减少居民支出负担和扩大社会保障。目前，教育、医疗和住房三个方面的支出是居民面临的最大支出，在家庭支出中占据很大比重。政府应采取多种措施解决"上学难、读书贵"的问题。在医疗方面，政府努力解决"看病难、看病贵"的问题。在住房方面，政府应出台包括信贷、财税、住房保障、土地管理等一系列抑制高房价的措施，以解决老百姓"住房难"的问题。减轻人民支出负担是减少居民消费不确定性的重要手段与措施，而扩大社会保障则可以加倍地减少不确定性，确保城乡居民的长远利益，实现收入的倍增效益。企业基本养老保险和医疗保险是目前已发展成熟的保险制度，该制度的继续深化能使群众生活免去后顾之忧。

三、建立增收长效机制，切实增加城乡居民收入

第一，国家应尽快使职工收入和福利工资化、货币化，尽快改变居民收入尤其是中等收入阶层收入连年停滞的局面，有效拓展社会再就业渠道，保障大量失业人员和社会低收入阶层的基本生活。国家应继续把扩大就业作为保障和改善民生的头等大事来抓，重点解决大学生、农民工和城镇无业、失业人员就业问题，以保就业为老百姓收入增加提供活水之源。

第二，增加农村居民的经营性收入和转移性支付。当前经营性收入仍然是农村居民总收入的主要来源，应建立农村居民经营性收入增长的长效机制，从根本上增强农村居民经营性收入的增长能力，并使之成为农村居民经营性收入增长的持久来源。同时，要以市场为导向，加快推进农村产业结构的调整，加强农业与第二和第三产业的融合，大力发展高产、优质、高效的现代农业、生态农业、绿色农业和观光农业，扩大就业，增加农民收入。加大对农业的科技投入和扶持力度，加快农业资本的投资和积累，促进农村居民收入的增加。加紧落实对农业的政策支持，建立农产品价格调节

基金和农业生产风险基金，贯彻、落实农产品最低保护价制度，进而有效遏制城乡收入差距扩大的趋势。

由于体制和层级原因，中央财政转移性支付下拨到地方政府后，各级地方政府存在"重城轻乡"的倾向，政府转移性支出不但没有缓解城乡居民之间的收入差距，反而"助推"了城乡居民转移性收入差距的扩大。因此，政府应着力调整当前的转移支付制度，加大政府财政惠农支农补贴力度，增强转移性收入对农村居民生活、消费的保障作用，消除农村居民谨慎性消费心理，改善其对未来的消费预期。

第二节 深化假日制度改革，促进旅游消费的有效增长

我国居民的公共假日已经与发达国家持平，大大超过发展中国家水平，有关闲暇时间的潜力只有通过带薪休假制度来发掘。带薪休假制度可以分散居民休假时间，对旅游需求起到"削峰填谷"的作用，提高景区的服务能力，增加居民出游的效用。通过本文的分析，闲暇时间对居民国内旅游消费具有显著的影响，尤其是对于城镇居民的影响更大，仅次于收入水平对旅游消费的影响。因此，如何深化假日制度改革、释放旅游消费潜力、均衡旅游消费、避免旅游井喷现象显得尤为重要。

一、继续保持现有节假日时间安排，努力提高居民实际休息时间

当前我国节假日时间总和为114天，接近全年总时间的1/3，已基本与国际先进水平接轨，今后在缩减周工作日，增加总休假时间方面的余地不多，因此，只有积极利用长假制度促进居民旅游消费。现有的问题是，虽然十一、五一等假日为国家法定节假日，但许多企业以各种理由强性要求职工加班，使职工的实际休息时间少于名义休息时间，在一定程度上阻碍了旅游消费的发展，因此企业应以提高效率为重点，按照国家假日制度安排，保障职工合法休息需求，增加实际休息时间。

二、实行灵活弹性的工作安排，充分发挥企业增加人们休闲时间的潜能

在国家增加居民休息时间余地有限的情况下，政府可以引导企业以提高效率为前提，实行灵活弹性的工作安排，自主缩减工作时间，以增加节假日时间和调整节假日结构。如取消员工固定的每周5日每天8小时的工作时间限制，实现灵活的4日工作制，员工可以1周工作4天，每天工作10小时，使员工的周末休息时间增加1天；让员工负责某项工作，限定完成工作的期限，员工可以根据需要自由安排时间，可以在期限内的前10天努力加班工作，后10天去旅游消费，但只要完成工作就好。灵活弹性的

工作时间安排可以满足员工想得到更多闲暇时间的需要，在提升闲暇时间连续度的同时，提高了休闲活动的选择度，对促进旅游消费具有一定的现实意义。

三、完善并积极推行带薪休假制度

借鉴国外带薪假日制度，积极推行我国带薪假日制度改革。如可以借鉴美国的做法，国家并不通过行政手段和法律手段强制执行带薪休假制度，而是制定带薪休假制度的指导性标准，以提高劳动生产率为前提，由劳资双方共同协商确定带薪假日。政府可以通过各种优惠政策对企业带薪假日进行控制，企业根据指导性标准，自主实施带薪休假制度，带薪假日可长可短，也可以完全不设立。同时，推行带薪休假汇率制（杨劲松，2006），即带薪假日的享受随时间的不同而不同，在旅游旺季能享受的休假天数少于旅游淡季享受的休假天数；对于自愿放弃法定节假日的员工，在享受经济补偿的同时，可以提供更多的带薪假日，以缓解休假时间的集中性。

第三节 优化旅游消费结构，促进旅游消费转型升级

通过本文的实证分析，城乡居民的旅游消费结构逐步趋于合理化，非基本消费所占比重在逐步提高，基本消费的比重在逐渐降低，但城乡居民旅游消费结构仍有待改进的地方，如城镇居民非基本消费的比重仍然低于基本消费，尤其是娱乐的比重很低；农村居民非基本消费的比重虽然高于城镇居民，购物占很大的比重，但农村居民的购物大多是馈赠亲戚的，而不是旅游商品，也有待改进。同时城乡居民旅游消费结构对居民消费的贡献还有待提高。因此，如何调整旅游消费结构，加大非基本消费的比重，促进旅游消费的转型升级是一个亟待解决的问题。

一、从旅游者入手，培养城乡居民现代旅游消费观念，刺激新的旅游消费需求，促进旅游消费结构创新升级

可以借鉴国外的经验，进行全民休闲教育，培养和提高城乡居民的旅游消费素养，通过电视、网络等大众传媒介绍科学的旅游消费知识，树立人们"旅游消费是为了更好的工作""旅游消费创造财富"等旅游消费意识，提升消费理念，使他们主动进行创新性的旅游消费。

二、从供给者入手，优化旅游供给结构，扩大有效的旅游消费需求

针对目前国内旅游需求现状开发适销对路的个性化、专业化旅游产品，以满足不

同的消费需求,尤其是针对满足农村居民旅游需求的产品供给严重不足的现状,适当降低门槛,开发一些适合农村居民的旅游产品,拉动农村居民旅游消费;大力实施品牌战略,增强旅游产品的吸引力,不断推出新的高质量旅游产品,将部分高收入阶层的目光重新拉回国内,提高整个社会的国内旅游消费倾向;不断创新,努力开发各种专项旅游产品,并不断推进、全力打造设施完备、功能齐全、类型多样的度假旅游产品,提高旅游产品的供给档次;重视产品的设计和研制,努力发展旅游购物品,突出地方文化特色,避免千篇一律;因地制宜,开发丰富多彩、有吸引力的娱乐产品,增加非基本旅游消费品的供给数量,提高其供给质量;从旅游产品的价格弹性、价格形成机制及价格管理机制入手,完善旅游产品价格结构,针对不同的群体,可以差别定价,如对于农村居民来说,开发一些价格相对低廉的旅游产品,可能会带动更大的农村旅游市场,因为农村居民对于旅游产品的价格变化更加敏感。

第四节　逐步缩小城乡居民旅游消费差距

虽然目前我国城乡居民旅游消费差距没有收入差距或者消费差距那么明显,但最近几年呈现上升的趋势,这种趋势应该得到及时的控制,如果任由发展,必将会影响到旅游消费水平的提升。

第一,逐步缩小城乡居民工资性收入差距。顺应城镇化发展的要求,加强对农村剩余劳动力劳动技能的培训,增强就业能力,增加农村居民的工资性收入。建立城乡统一劳动市场,通过立法保障,实现同工同酬。着力消除城乡二元体制下的体制性障碍,有序引导农村居民进入非农领域,从而促进农村居民工资性收入的稳定增长,缩小城乡居民工资性收入差距。

第二,不断提高农村居民旅游消费水平。一是引导农民转变消费观念。选择灵活的宣传促销方式,强化农村居民外出旅游的意识,使他们逐步转变传统的旅游消费观念,不断提高他们的外出旅游兴趣。二是降低门槛,积极开发适合农民消费需求的旅游产品。针对目前农村居民的消费水平和消费习惯,开发一些适合他们需求的旅游产品,随着收入水平的提高,再开发一些高层次的旅游产品和项目。三是在制定农村居民旅游发展政策时,对于不同的地区制定差别化的政策。如对于经济基础好、出游率较高的区域,发挥旅游中介组织作用,完善农村居民旅游配套服务,拓宽旅游消费渠道,引导旅游消费升级;针对经济相对落后、出游率较低的区域,增强教育、医疗和养老保险等基础保障制度的公平性,削弱旅游消费的不确定性,增强其出游的信心,提高农村居民的旅游消费倾向。

第九章　促进国内旅游消费发展对策

第五节　缩小区域旅游消费差距，促进区域旅游的均衡发展

本文的计算结果表明虽然三大区域间的国内旅游消费差异存在持续缩小的趋势，但是我国区域旅游业发展差异一直很大，这与我国旅游资源的区域分布并不相称。中西部地区旅游资源相对丰富，完全可以凭借资源优势实现旅游业的快速发展，缩小与东部地区之间的差异。然而，实证研究表明，旅游资源只是影响区域旅游业发展的众多因素中的一个。除了旅游资源禀赋以外，地方经济发展水平、基础设施建设以及服务设施建设、旅游服务质量等都是影响区域旅游业发展的重要因素。这说明旅游业对整个国民经济的高度依赖性，其发展必须具备坚实的社会经济基础。中西部地区旅游业的发展水平之所以与其旅游资源禀赋水平不相称，根本原因就在于其社会经济发展没有形成对旅游业的支撑作用。因此，中西部地区不能超越本地区经济社会的实际情况空谈旅游资源开发，而应将旅游开发看作是区域经济的一个组成部分，通过本地区自我积累或借助外力，不断完善基础设施建设、提高接待服务质量、提升资源开发水平，实现旅游经济与区域经济的互动和良性发展。

第六节　加强政府对旅游消费市场的宏观调控

目前，世界各国都非常重视旅游业的发展，采取各种措施促进旅游消费，甚至把发展旅游业上升到国家战略地位，作为参与国际竞争的重要平台。那么，旅游业作为一个综合性产业，单靠旅游主管部门，难以解决好产业改革发展中的重大问题。因此需要政府加强对旅游市场的宏观调控。

第一，制定国家层面的旅游管理体制与运行机制。中央政府通过各旅游管理部门形成"政府部际协调决策——行政主管部门——行业组织协调自律——专业机构宣传推广"四个层次的管理体制和运行机制，以加强对国家旅游事务的统筹协调和综合性管理。

第二，成立旅游综合管理部门。由于旅游产品的特殊性，旅游业与第一、第二、第三产业中的部门有着千丝万缕的联系，单靠一个旅游管理部门，很难进行协调，需要成立一个综合管理部门，协调各部门对旅游业进行宏观指导和调控。国务院旅游工作部际联席会议制度的建立是一个很好的举措。综合管理部门应对全国旅游工作进行宏观指导，提出促进旅游业改革发展的方针政策，协调解决旅游业改革发展中的重

大问题，提供良好的制度环境，提高综合协调能力。综合管理部门的设立不仅符合旅游业的综合性产业特征，适应我国旅游业改革发展需求的制度创新，有利于强化旅游业改革发展的顶层设计，有利于协调各部门力量和资源，而且可以促进旅游业与相关产业联动、增强旅游业发展动力、拓展旅游业发展空间、优化旅游业发展环境、提升旅游业质量效益，推动我国旅游业改革发展进入崭新阶段。

第七节　本章小结

本章根据前面几章的理论和实证分析，提出了促进我国国内旅游消费的发展对策。第一，调整收入分配制度，减少不确定性，提高居民收入水平。主要包括：调整收入分配格局，缩小收入差距；减少支出负担，加快社会保障制度改革，降低居民支出的不确定性；建立增收长效机制，切实增加城乡居民收入。第二，深化假日制度改革，促进旅游消费的有效增长。主要包括：继续保持现有节假日时间安排，努力提高居民实际休息时间；实行灵活弹性的工作安排，充分发挥企业增加人们休闲时间的潜能；完善并积极推行带薪休假制度。第三，优化旅游消费结构，促进旅游消费转型升级。一是从旅游者入手，培养城乡居民现代旅游消费观念，刺激新的旅游消费需求，促进旅游消费结构创新升级。二是从供给者入手，优化旅游供给结构，扩大有效的旅游消费需求。第四，逐步缩小城乡居民旅游消费差距。一要逐步缩小城乡居民工资性收入差距；二要不断提高农村居民旅游消费水平，缩小城乡居民旅游消费差距。第五，缩小区域旅游消费差距，促进区域旅游的均衡发展。第六，加强政府对旅游消费市场的宏观调控。一是要制定国家层面的旅游管理体制与运行机制；二是要成立旅游综合管理部门。

第十章　主要结论与研究展望

第一节　主要结论

本书通过分析我国居民消费和国内旅游消费的发展现状,定量分析了我国城乡居民和各地区国内旅游消费对居民消费的贡献、长期均衡关系以及动态影响;测度了城乡居民间和区域间的国内旅游消费差异;找出了影响城乡居民国内旅游消费的主要因素;预测了国内旅游消费的发展趋势及在居民消费中的作用,得出的主要结论主要有:国内旅游消费极大地促进了居民消费,未来在居民消费中的地位和作用将不断加强,到2020年国内旅游消费总额达到8.8万亿元,在居民消费中的比重约为20.36%,表明国内旅游消费能够担当起促消费、扩内需的重任,同时也表明国务院2014年提出的旅游消费的战略目标是合理的,根据本文的预测结果,还有可能提前实现。同时,我国的旅游消费结构逐渐趋于合理化,但对居民消费的贡献有待提高;不论是城乡间还是区域间,旅游消费差距在逐步缩小。城乡居民国内旅游消费影响因素存在显著差异,但收入仍然是最重要的影响因素。在制定旅游消费政策时,在坚持科学旅游发展观的基础上,要针对城乡居民和不同区域的特点制定差异化的政策措施,切中要害,分类指导;要抓住提高居民收入水平和深化假日制度改革两条主线,逐步优化旅游消费结构,促进旅游产业转型升级;要努力缩小旅游差距,促进社会和谐;要加强政府宏观调控,提供政策保障。

具体来讲有以下几个方面。

一、国内旅游消费极大地促进了居民消费,但城乡和区域间存在着差异

(一)从城乡角度看

(1)不论是城镇居民还是农村居民,国内旅游消费在居民消费中的比重上升很快,已超过10%。1994—2017年间,国内旅游消费对居民消费的贡献率呈上升趋势,国内旅游消费对居民消费的平均贡献率为12.26%,其中城镇居民贡献率为9.23%,农村居民贡献率为3.03%,城镇居民的贡献要大于农村居民的贡献。

（2）运用JJ协整检验模型得出国内旅游消费和居民消费间存在着长期的均衡关系，国内旅游消费对居民消费具有很大的促进作用。从整体居民角度看，国内旅游消费每增加一个百分点，居民消费将增加1.5243个百分点。其中城镇居民国内旅游消费每增加一个百分点，城镇居民消费将增加1.9813个百分点；农村居民旅游消费每增加一个百分点，农村居民消费将增加0.7233个百分点，城镇居民旅游消费对居民消费的促进作用要大于农村居民旅游消费对居民消费的促进作用。而且在未来一段时期内，国内居民旅游消费对居民消费的影响是正向的和持久的，主要是由于城镇居民国内旅游消费对居民消费的正向、持久的影响。

（二）从区域角度看

（1）从东、中、西部三大区域国内旅游消费占居民消费的比重看，三大区域均呈现逐年上升的趋势。虽然东部所占比重2010年之前大于中部和西部，但上升得较慢，而中部和西部上升很快，西部从2012年开始，超过了东部和中部。表明三大区域的国内旅游消费对居民消费的作用和影响在不断增强。

（2）总体上来讲，东中西部三大区域国内旅游消费对居民消费的贡献率2014年之前的变化趋势基本一致，但2015年之后，西部呈现上升趋势，而东、中部呈现下降趋势。从数值上看，2000—2005年东部贡献率最大，2007—2012年中部的贡献率最大，2013年之后西部的贡献率最大。2000—2007年东部国内旅游消费对居民消费的拉动力最强，2010—2012年时中部。2013—2017年西部的拉动力最大。

（3）东中西部三大区域的地理联系率均呈现先升后降的趋势。中部的地理联系率1999—2013年最高，其次是西部，最后是东部，而2014年之后是东部。

（4）运用计量经济学中的面板数据模型分析了三大区域国内旅游消费对居民消费的影响以及三大区域农村居民国内旅游消费对居民消费的影响，回归分析结果表明：东部国内旅游消费对居民消费的促进作用最大，其次是中部、西部。中部地区农村居民国内旅游消费对居民消费的促进作用要大于东部和西部地区。

二、旅游消费结构对居民消费的贡献有待提高

（1）城镇居民旅游消费结构指数呈现先升后降的趋势，但数值上还没有超过1，表明非基本消费还没有超过基本消费，反映出城镇居民在购物、娱乐等方面的花费还较低。我国农村居民旅游消费结构指数同样呈现先升后降的趋势，不过农村居民旅游消费结构指数的数值明显要高于城镇居民，2007—2010年结构指数都超过1，表明农村居民旅游消费结构非基本消费的比重已经超过了基本消费或者购物、娱乐等方面的支出大于交通、游览和住宿等基本消费方面的支出。

（2）城乡居民旅游消费结构对居民消费的贡献率大部分为负值，但农村居民旅游

消费结构中负数的数量要少于城镇居民。农村居民旅游消费结构中的各项受经济危机的影响比城镇居民要大而且影响深远。城乡居民旅游消费结构对居民消费贡献率较大的仍然是基本消费的项目，非基本消费项目对居民消费的贡献较小。

（3）整体来看，城镇居民旅游结构中的除去交通和购物外，对居民消费的弹性系数小于1，表明这些项目的增长速度小于居民消费的增长速度。从2011年和2012年看，弹性系数减少的较快，表明旅游消费结构中的各项对居民消费的带动作用有所减弱。农村居民旅游消费结构中各项对居民消费的弹性系数大于1的数量相对较多，表明交通、住宿、餐饮、购物等的增长带动了居民消费更快的增长。另外，2008年和2009年弹性系数均为负数，表明了旅游消费结构中的各项受经济危机的影响比较大，抗外界冲击能力较弱。2011年之后弹性系数逐渐增大，表明农村居民旅游消费结构对居民消费的带动作用在增强。

（4）城镇居民旅游消费结构中各项与居民消费的回归结果表明，7个变量与居民消费间均具有长期均衡关系，且回归系数均是正值，即旅游消费结构中的各项均与居民消费是正相关，都促进了居民消费，其中游览的回归系数最大，为1.1748，其次是娱乐、购物、邮电、餐饮、交通和住宿。可见，旅游消费结构中基本消费对居民消费作用较小，而非基本消费对居民消费促进作用较大。今后如何增加非基本消费的比重，制定相应的政策促进购物、娱乐和邮电等项目的发展显得尤为重要。

三、旅游消费差距在逐步缩小

（一）从城乡角度看

（1）我国城乡居民旅游消费差距未表现出明显的上升或者下降的趋势，具有比较明显的阶段性特征。1994—1996年处于比较高位阶段，居民间旅游消费差距较大，1997—1999年处于较低的水平，2000—2002年又处于一个小幅度上升阶段，2003—2008年处于一个比较平稳的阶段，城乡居民旅游消费比值在2.5左右，2008年之后又开始处于上升阶段，但数值仍小于1994年的数值。

（2）运用JJ协整检验模型得出城乡居民旅游消费差距和收入差距间存在着长期的均衡关系，收入差距对旅游消费差距有着正向影响，并且这种影响是持久的。

（3）通过建立的计量经济学模型的回归结果可以判断出旅游消费差距和经济发展水平间的关系为倒N形曲线，并没有表现出库兹涅茨式的倒U形曲线。表明目前我国的旅游消费差距呈现出随着经济的发展，城乡居民旅游消费差距在扩大，之后呈现下降的趋势，最后又呈现上升的趋势。

（二）从区域角度看

（1）我国国内旅游消费的区域总差异呈现逐年下降的趋势，表明各地区之间的旅游消费差距在逐步缩小。旅游消费的区域差异主要来自区域内的差异，其对总差异的贡献率在逐步增大，而区域间差异的贡献率在逐渐减少。

（2）从区域内差异来看，东部、中部和西部的内部差异均呈现逐渐下降趋势，东部内部差异的数值要大于西部和中部，中部的数值是最低的。一方面表明东部内部各省份之间的旅游消费的差异要大于西部和中部；另一方面也表明三大区域内部各省份之间的旅游消费的差异在不断缩小，旅游消费朝着均衡化的方向发展。

（3）我国地区间城镇居民旅游消费的差距在不断扩大。从三大区域内部看，东中西部三大区域城镇居民旅游消费的区域差异有逐步扩大的趋势。西部各地区间的城镇居民旅游消费的差距要大于东部和中部的差距。东部内部的农村居民旅游消费的差异呈现逐年下降的趋势，而中部和西部在开始下降后又呈现逐渐上升的趋势。从具体数值上来说，东部内部的差异的数值要大于西部和中部。一方面表明东部内部各省份之间的农村居民旅游消费的差距在不断缩小，而中部和西部在逐渐扩大；另一方面，虽然东部各省份旅游消费差异在逐步缩小，但东部的差异仍然要大于中部和西部各省份间的差异。从全国范围来看，农村居民旅游消费的差异总体上呈现下降的趋势，这种差异的缩小主要归功于区域内的差异，区域内部的不均衡大于区域间的不均衡。

四、城乡居民国内旅游消费影响因素存在显著差异

（1）根据西方消费函数理论，结合旅游消费的特点，提出了国内旅游消费影响因素的理论模型，该模型不同于以往的模型之处主要在于把影响国内旅游消费的因素进行了层次划分，分为直接影响因素和间接影响因素，间接影响因素通过对直接因素的影响而产生对国内旅游消费的影响。直接影响因素包括：收入水平、闲暇时间、消费信心、产品价格和突发事件。间接影响因素本书主要考虑了对收入的影响因素，包括：利率、不确定性、收入分配制度、城乡收入差距等因素。

（2）在理论模型的基础上，考虑到我国二元经济特性，运用计量经济学模型通过两个阶段回归分别对我国城镇和农村居民国内旅游消费影响因素进行了实证分析。具体的回归结果表明如下。

①第一阶段回归结果表明：收入分配方面的因素对城乡居民收入的影响都是比较大，对于城镇居民来说，收入分配制度因素的回归系数为 -0.5983，农村居民为 -0.4774；城镇居民城乡收入差距的回归系数为 -0.2973，而对于农村居民来说，城乡收入差距的影响系数为 -1.0612，可见，城乡收入差距对农村居民收入水平的影响更大一些。从不确定性来说，对农村居民收入水平的影响要大于城镇居民。利率对于城乡居民来说相比较其他影响因素，其对收入的影响程度要小一些，城镇居民的回归系数为 0.0313，农村居民的回归系数为 0.0614。

②第二阶段回归结果表明：收入都是影响城乡居民国内旅游消费最重要的因素。城镇居民的回归系数为 1.3341，农村居民为 1.3797，表明收入水平对于农村居民国内旅游消费的影响要大于城镇居民。而闲暇时间对于城镇居民的影响要大于农村居民，城镇居民的回归系数为 0.6075，而农村居民为 0.1450。农村居民对价格的敏感程度要大于城镇居民，农村居民的回归系数为 –1.2581，而城市居民的回归系数为 –0.0157。同样消费信心对农村居民的影响也要大于城镇居民。突发事件对于城镇居民和农村居民具有同样的影响，但与其他影响因素一起进行比较，突发事件对城镇居民的影响要大于农村居民。

五、国内旅游消费发展趋势良好，在居民消费中的地位不断提高

本书利用趋势曲线模型、ARMA 模型、灰色预测模型对我国城乡居民旅游消费和消费水平分别进行了预测，然后利用方差——协方差加权组合预测模型进行了组合预测，预测结果表明如下。

（1）我国农村居民、城镇居民国内旅游消费 2018—2025 年均呈现上升趋势，2025 年农村居民国内旅游消费达到 17 163.07 亿元，城镇居民国内旅游消费达到 143 872.10 亿元，整体居民国内旅游消费达到 161 035.17 亿元。

（2）我国农村居民、城镇居民消费 2018—2025 年同样呈现逐年增加的趋势。我国城镇居民消费 2025 年为 607 467.57 亿元，农村居民消费为 142 836.46 亿元，整体居民消费为 750 304.03 亿元。

（3）我国整体居民国内旅游消费占居民消费的比重、城镇居民国内旅游消费占城镇居民消费的比重、农村居民国内旅游消费占农村居民消费的比重均呈现逐年增加的趋势，前两者到 2025 年时比重均超过 20%，而农村比重 2025 年仅为 12.02%。可以说国内旅游消费可以承担起扩大内需的重任。

（4）我国城镇居民旅游消费占国内旅游消费的比重 2018—2025 年超过了 80%，2025 年为 89.34%，表明城镇居民的旅游消费仍然是国内旅游消费的主体。而农村居民旅游消费占国内旅游消费的比重呈现逐渐下降的趋势，表明农村居民的旅游消费潜力还没有完全发挥出来，要加大对农村旅游市场的开发力度，进而带动国内旅游消费和居民消费水平的迅猛提升。

（5）我国城镇居民消费占整体居民消费的比重由 2018 年的 78.96% 增加到 2025 年 80.96%，已超过 80%，表明城镇居民的消费仍然是我国内需中的重要组成部分。而农村居民消费占整体居民消费的比重由 2018 年 21.04% 减少到 2025 年的 19.04%，下降的幅度不是很大。整体上来看，我国城乡居民消费水平发展相对平稳。

第二节　研究展望

本书只是系统地刻画了我国城乡居民、各地区国内旅游消费对居民消费的贡献和影响，我国城乡居民未来的发展趋势以及在居民消费中的比重，为国内旅游消费在扩内需方面的作用提供科学的依据，为旅游消费政策的制定提供坚实的理论基础。由于时间有限，以下几方面的工作需要以后进行进一步的研究。

第一，城乡居民国内旅游消费对居民消费影响的差异性有待进一步研究。由于我国在进行国内旅游抽样调查时，城镇居民的调查地区是以城市为调查对象，而农村居民的调查地区是以各个省份为调查对象，因此，不适合进行城乡居民国内旅游消费的区域间对比，希望相关统计部门今后能对这方面加以完善，以便更好地对我国城乡居民国内旅游消费的区域差异性进行研究。

第二，由于旅游业的涉及面广，关联性强，因此涵盖吃、住、行、游、购、娱很多方面，在统计中未能把旅游消费从居民消费中剥离出来。如何把旅游消费的数据从居民的消费结构中分离出来，测度旅游消费与其他居民消费对消费的影响，可以更好地反映旅游消费对居民消费、扩大内需的贡献和作用。

第三，国内旅游消费的季节性有待加以研究。目前我国国内旅游消费的数据大部分是年度数据，更加小尺度的数据如季度和月度数据比较缺乏，不利于对国内旅游消费状况进行更为精确的计算和预测，不能把握国内旅游的周期性变化，以及更好地预测国内旅游的发展趋势。随着国内旅游统计和调查数据的不断完善，可以对我国国内旅游消费的季节性加以研究，以便更好地完善国内旅游消费理论。

参考文献

一、中文部分

[1] 蔡洁,赵毅.国内女性游客旅游消费行为实证研究——以重庆旅游目的地为例[J].旅游科学,2005(2):24-27.

[2] 曹长修,王景,唐小我.一种模糊变权重组合预测方法——FVW法的研究[J].预测,1996(5):49-50.

[3] 邓聚龙.灰预测与灰决策[M].武汉:华中科技大学出版社,2002.

[4] 邓祖涛,吴必虎.农村居民旅游消费影响因素的空间计量研究——基于静态和动态空间面板模型的比较分析[J].旅游论坛,2017,10(5):28-40.

[5] 迪博尔德.经济预测[M].张涛,译.第2版.北京:中信出版社,2003.

[6] 刁宗广,张涛.中国城乡居民国内旅游消费水平和消费结构比较研究[J].人文地理,2010(2):158-160.

[7] 付春晓.中国居民收入水平对国内旅游市场的影响研究[D].成都:西南交通大学硕士论文,2004.

[8] 高铁梅.计量经济分析方法与建模EVIEWS应用及实例[M].北京:清华大学出版社,2009.

[9] 谷慧敏,伍春来.中国收入分配结构演变对国内旅游消费的影响[J].旅游学刊,2003(2):19-23.

[10] 韩云.国民经济核算与分析[M].北京:经济科学出版社,2005.

[11] 何国民.武汉市居民体育旅游消费现状与发展对策[J].武汉体育学院学报,2005(11):30-33.

[12] 蒋艳霞.世界旅游市场发展现状及趋势[N].中国旅游报,2013-11-08.

[13] 蒋蓉华,周久贺.基于灰色关联分析的国内旅游收入影响因素研究[J].商业研究,2010(8):203-206.

[14] 李冰州,杨剑,陈旭.我国居民旅游消费模型研究[J].软科学,2004(2):55-58.

[15] 李榕.中国国内旅游消费与经济增长关系研究——基于误差修正模型[J].长春

理工大学学报社会科学版，2013，26（11）：103-106.

[16] 李若凝，杨浦，郭伟乐，等.基于信息熵的城乡居民国内旅游消费结构演变研究[J].河南农业大学学报，2014，48（2）：243-248.

[17] 李一玮，夏林根.国内城镇居民旅游消费结构分析[J].旅游科学，2004（2）：30-32.

[18] 李银兰，范红.国内旅游消费模型初探[J].重庆商学院学报，2002（3）：40-42.

[19] 李颖.旅游消费与国民经济增长的实证分析——以陕西省旅游消费与地区经济增长状况为例[J].商业经济研究，2017（20）：50-52.

[20] 李云鹏.我国城镇居民人均旅游消费模型研究[J].统计与决策，2006（8）：90-91.

[21] 林南枝，陶汉军.旅游经济学（修订版）[M].天津：南开大学出版社，2000.

[22] 刘思峰.灰色系统理论及其应用[M].北京：科学出版社，2004.

[23] 刘文彬.我国城乡居民的经济收入与旅游消费关系的定量分析[J].统计与决策，2009（2）：92-93.

[24] 刘霁雯，冯学钢.我国居民收入差距与平均旅游消费倾向关系经验分析[J].华东理工大学学报（社会科学版），2010（6）：57-66.

[25] 柳思维.旅游业与经济增长关系的实证研究[J].系统工程，2007，25（9）：60-64.

[26] 罗明义.旅游经济学[M].天津：南开大学出版社，1999.

[27] 马薇.协整理论与应用[M].天津：南开大学出版社，2004.

[28] 宁士敏.中国旅游消费研究[M].北京：北京大学出版社，2003.

[29] 宁泽群.旅游经济、产业与政策[M].北京：中国旅游出版社，2005.

[30] 庞世明.中国旅游消费函数实证研究——兼与周文丽、李世平商榷[J].旅游学刊，2014，29（3）：31-39.

[31] 彭程甸，成凤明.交通设施、收入水平、假日政策与国内旅游收入增长——基于VAR模型的研究[J].中南林业科技大学学报（社会科学版），2009（5）：78-82.

[32] 苏建军，张毓，孙根年.中国旅游消费对经济增长的拉动效应与贡献度分析[J].消费经济，2016，32（1）：34-40.

[33] 粟路军，方贤寨，等.乡村旅游消费行为的收入分异研究——以长沙市周边乡村旅游为例[J].北京第二外国语学院学报，2007（1）：60-65.

[34] 孙根年，薛佳.中国城乡居民国内旅游需求预测[J].城市问题，2009（1）：

68-72.

［35］孙虹乔.中国城乡居民旅游消费与经济增长的实证检验［J］.统计与决策，2012（7）：101-104.

［36］唐小我，王景，曹长修.一种新的模糊自适应变权重组合预测算法［J］.电子科技大学学报，1997，26（3）：289-292.

［37］田里.旅游经济学［M］.北京：高等教育出版社，2006.

［38］屠文雯，冯俊文.中国旅游业发展与经济增长关系的实证研究［J］.南京理工大学学报（社会科学版），2008，21（6）：99-104.

［39］汪季清.旅游经济学［M］.合肥：安徽大学出版社，2009.

［40］王大悟，魏小安.旅游经济学［M］.上海：上海人民出版社，1998.

［41］王景，刘良栋，王作义.组合预测方法的现状和发展［J］.预测，1997（6）：7-38.

［42］王琪延，韦佳佳.北京市居民旅游消费影响因素研究［J］.北京社会科学，2018（8）：120-128.

［43］王振坡，张馨芳，王丽艳.家庭收入、住房财富和旅游消费——基于天津市微观调查数据的分析［J］.城市发展研究，2018（7）：106-114.

［44］魏正环.我国农民旅游消费问题探析［J］.北京第二外国语学院学报，2006（9）：26-30.

［45］吴忠才，朱金林，徐迎.我国国内旅游消费模型初步研究［J］.湖南理工学院学报，2007，20（1）：91-94.

［46］夏杰长，胡东兰.基于ELES模型的城镇居民国内旅游消费结构实证分析［J］.河北经贸大学学报，2014，35（4）：81-86.

［47］谢彦君.基础旅游学（第二版）［M］.北京：中国旅游出版社，2004.

［48］徐萍，成英文.收入分配制度对我国旅游消费增长的制约［J］.经济研究导刊，2010（5）：77-78.

［49］徐虹，范清.我国旅游产业融合的障碍因素及其竞争力提升策略研究［J］.旅游科学，2008（4）：1-5.

［50］徐晓娜.城镇人口年龄结构变化对国内旅游消费的动态冲击效应［J］.西北人口，2017，38（3）：53-58.

［51］杨晶，王君萍，王张明.农村居民旅游消费意愿的影响因素研究——基于西部6省的微观数据［J］.干旱区资源与环境，2017，31（10）：196-202.

［52］杨勇.旅游业与我国经济增长关系的实证研究［J］.旅游科学，2006，20（2）：40-46.

［53］杨勇.收入来源、结构演变与我国农村居民旅游消费——基于2000—2010年省

际面板数据的实证检验分析［J］.旅游学刊，2015，30（11）：19-30.

［54］姚丽芬，龙如银，李庆辰.中国居民收入与旅游消费关系的协整分析［J］.地理与地理信息科学，2010（6）：92-95.

［55］尹世杰.消费经济学［M］.北京：高等教育出版社，2003.

［56］余凤龙，黄震方，方叶林.中国农村居民旅游消费特征与影响因素分析［J］.地理研究，2013，32（8）：1565-1576.

［57］张辉，厉新建.旅游经济学原理［M］.北京：旅游教育出版社，2004.

［58］张辉.转型时期中国旅游产业环境、制度与模式研究［M］.北京：旅游教育出版社，2005.

［59］张丽峰.我国城镇居民旅游消费对经济增长影响的实证分析［J］.消费经济，2008，28（5）：81-85.

［60］张丽峰.我国人口结构对旅游消费的动态影响研究［J］.干旱区资源与环境，2015，29（3）：193-198.

［61］张丽峰，丁于思.我国农村居民旅游消费对消费的动态影响研究［J］.资源开发与市场，2015，31（6）：753-755.

［62］张丽峰.我国国内旅游消费与经济增长动态关系研究［J］.技术经济与管理研究，2015（6）：124-128.

［63］张金宝.经济条件、人口特征和风险偏好与城市家庭的旅游消费——基于国内24个城市的家庭调查［J］.旅游学刊，2014，29（5）：31-39.

［64］张晓峒.计量经济分析［M］.北京：经济科学出版社，2000.

［65］赵磊，全华.中国国内旅游消费与经济增长关系的实证分析［J］.经济问题，2011（4）：32-38.

［66］周强，林孔团.福建省旅游消费结构的灰色关联分析［J］.长春大学学报，2013，23（7）：801-804.

［67］周文丽，李世平.基于凯恩斯消费理论的旅游消费与收入关系实证研究［J］.旅游学刊，2010（5）：33-38.

［68］周文丽，李世平.基于ELES模型的城乡居民国内旅游消费结构实证分析［J］.旅游科学，2010，24（3）：30-39.

［69］周文丽.基于投入产出模型的旅游消费对经济增长的动态影响研究［J］.地域研究与开发，2011，30（3）：79-87.

［70］周文丽.西部地区农村居民旅游消费影响因素分析——基于甘肃省526位农村居民的微观调查数据［J］.干旱区资源与环境，2012，26（8）：195-200.

［71］庄岩，毛晓东.中国农村居民旅游消费行为与消费结构分析［J］.改革与战略，

2017, 33（9）：114-116.

[72] 邹树梅. 现代旅游经济学［M］. 青岛：青岛出版社，2001.

二、英文部分

[1] Allen D E, Ya P G. Modelling Australian Domestic Tourism Demand: A Panel Data Approach［M］. Working Paper, 2009.

[2] Athanaso, Poulosq, HyndmanR J. Modelling and Forecasting Australian Domestic tourism［J］. Tourism Management, 2008, 29（1）：19-31.

[3] Bicak H, Altinay A. Tourism Demand of North Cyprus［J］. Journal of Hospitality Leisure Marketing, 2005, 12（3）：87-99.

[4] Cambell J Y, Deaton, Angus. Why Consumption to Smooth?［J］. Review of Economic Study, 1989, 357-374.

[5] Carroll C D. The Buffer Stock Theory of Savings: Some Macroe Economic Evidence［J］. Brookings Papers on Economie Activity, 1992（2）：61-156.

[6] Carroll C D, Samwiek A. How Important Preeautionary Saving?［J］. Review of Economics and Statistics, 1998, 80（8）：410-419.

[7] Carroll C D. How Does Future Income Affeet Consumption?［J］. Quarterly Joumal of Economies, 1994, 109（2）：111-147.

[8] Deaton, Angus. Saving and Liquidity Constraints［J］. Econometriea, 1991, 59（5）：1221-1248.

[9] Caballero, Rieardo J. Consumption Puzzles and Precautionary Savings［J］. Journal of Economies, 1990, 25（1）：113-136.

[10] Dritsakis N. Cointegration Analysis of German and British Tourism Demand for Greee［J］. Tourism Management, 2004, 25（1）：110-119.

[11] Dynan K E. How Prudent are Consumers?［J］. Journal of Political Economy, 1993, 1104-1113.

[12] Flavin, Marjorie A. The Adjustment of Consumption to Changing Expeetations About Future Income［J］. Joumal of political Economy, 1981, 89（5）：974-1009.

[13] Goh C, Law R. Modeling and Forecasting Tourism Demand for Arrivals with Stoehastien stationary Seasonality and Intervention［J］. Tourism Managernent, 2002（23）：499-510.

[14] Gustavsson P, Nordstrom J. The Impact of Seasonal Unit Roots and Vector ARMA Modelling on Forecasting Monthly Tourism Flows［J］. Tourism Economies, 2001

（7）：117-133.

[15] Hubbard R. Glenn, Skinner J, Zeldes P. The Importance of Preeautionary Mo Tivesin Exolaining Individual and Aggregate Saving [J]. Camegie Roehester Confernee Serieson Public Policy, 1994, 40（6）：59-125.

[16] Im K S, Pesaran M H, Shin Y. Testing for Unit Roots in Heterogeneous Panels. [J]. Journal of Econometrics, 2003, 115（1）：53-74.

[17] Kweka J, etal. The Economic Potential of Tourism in Tanzania [J]. Journal of International Development, 2003, 15（3）：335-351.

[18] Levin A, Lin C F, Chu C S. Unit Root Test in Panel Data: Asymptotic and Finite-Sample Properties [J]. Journal of Econometrics, 2002（108）：1-24.

[19] Maddala G S, Wu S. A Comparative Study of Unit Tests with Panel Data and A New Simiple Test [J]. Oxford Bulletin of Econometrics and Statistics, 1999（61）：631-652.

[20] Maria M, DeMello, Kevin S. Nell. The Forecasting Ability of a Cointegrated VAR System of the UK Tourism Demand for France, Spain and Portugal [J]. Empirieal Eeonomies, 2005, 30（2）：277-308.

[21] Mccoskey S, Kao C. A Residual-Based Test of the Null of Cointegration in Panel Data [J]. Econometric Reviews, 1998（17）：57-84.

[22] PaiP F, Hong W C, LinC S. Forecasting Tourism Demand Using a Multifactor Support Vector Maehine Model [J]. Lecture Note Sin Computer Seienee, 2005, 38（1）：512-519.

[23] Pedroni P. Critical Value for Cointegration Tests in Heterogeneous Panels with Multiple Regressors [J]. Oxford Bulletin of Economics and Statistics, 1999（61）：653-678.

[24] PouL, Alegre J. The Determinants of the Probability of Tourism Consumption: An Analysis with a Family Expenditure Survey [M]. DoeumentdeTreball, 2002.

[25] Preez J Du, Witt S F. Univariate Versus Multivariate Time Series Forecasting: An Applieation to International Tourism Dernand [J]. International Journal of Forecasting, 2003（19）：435-451.

[26] Pyos S, Uysal M, Robert W M. A Linear Expenditure Model for Tourism Demand [J]. Annals of Tourism Researeh, 1991, 18（3）：443-454.

[27] Sheldon P J. Forecasting Tourism: Expendeture Sversus Arrivals [J]. Journal of Travel Research, 1993（32）：13-20.

[28] Shefrin H, Statman M. The Disposition to Sell Winners too Early and Ride Loses too Long: The Oryan Devidenee [J]. Joumal of Finanee, 1985, 40: 777-790.

[29] Smeral, Egon. The Economic Impact of Tourism: Beyond Satellite Accounts. Tourism Analysis, 2005, 10 (1): 55-64.

[30] Witt S F, Witt C A. Forecasting Tourism Demand: A Review of Empirieal Researeh [J]. International Journal of Forecasting, 1995, 11 (3): 447-475.

[31] Wilson B K. The Aggregate Existence of Preeautionary Saving: Time Series Evidence from Expenditure on Nondurable and Durable Goods [J]. Journal of Macroeconomies, 1998, 20: 309-323.

[32] Zhang J. Tourism Impact Analysis for Danish Regions. Tourism Economics, 2002, 8 (2): 165-188.

[33] Zeldes P. Consumption and Liquidity Constraints: An Empirieal Investigation [J]. Joumal of Politieal Economy, 1989, 97 (4): 305-346.